Friedrich Wilhelm Adolf Baethgen

Syrische Grammatik

Friedrich Wilhelm Adolf Baethgen

Syrische Grammatik

ISBN/EAN: 9783744640053

Hergestellt in Europa, USA, Kanada, Australien, Japan

Cover: Foto ©ninafisch / pixelio.de

Weitere Bücher finden Sie auf **www.hansebooks.com**

ܬܘܪܨ ܡܡܠܠܐ ܣܘܪܝܝܐ

ODER

SYRISCHE GRAMMATIK

DES

MAR ELIAS VON TIRHAN

HERAUSGEGEBEN UND UEBERSETZT

VON

FRIEDRICH BAETHGEN.

LEIPZIG
J. C. HINRICHS'SCHE BUCHHANDLUNG
1880.

MEINEM HOCHVEREHRTEN LEHRER

EM DIRECTOR DES KÖNIGLICHEN GYMNASIUM CHRISTIANEUM
ZU ALTONA

HERRN PROFESSOR Dr. LUCHT

UR FEIER SEINES FUNFZIGJÄHRIGEN AMTSJUBILÄUMS

AM 23. FEBRUAR 1880

IN DANKBARER GESINNUNG

GEWIDMET.

Von dem nestorianischen Patriarchen Elias I. berichtet Ebedjesu in seinem Catalog bei Assemânî Bibl. orient. III, I p. 262:

ܥܒܕ ܟܠܝܠܐ ܦܘܫܩܐ

ܠܡ̈ܠܐ ܘܟܬܒ ܦܫܛ ܕܡ̈ܠܐ

ܘܡܐܡܪ̈ܐ ܥܠ ܕܘܒܪ̈ܐ

ܘܦܘܪ̈ܫܢܐ ܠܢܡܘܣܐ ܥܕܬܢܝ̈ܐ

Aus Assemânî's Noten führe ich Folgendes an: Elias hujus appellationis primus Nestorianorum patriarcha anno Christi 1028 ordinatus sedit unum supra viginti annos, de quo haec Gregorius Barhebraeus in Chronico Syriaco Par. 3 in vita Ignatii bar Kiki Maphriani [1]): ܘܡܝܬ ܒܗܕܐ [ܐܦ ܐܠܝܐ ܦܛܪܝܪܟܐ ܕܢܣܛܘܪ̈ܝܢܐ] ܟܠܝܠܐ ܦܘܫܩܐ ܕܐܣܛܘܪ̈ܝܐ ܗܘܐ ܐܦܣܩܘܦܐ ܕܛܝܪܗܢ ܓܒܪܐ ܝܕܘܥ ܣܦܪ̈ܐ . . . . Mares Salomonis filius (claruit ab anno Christi 1135 B. O. III I 554) اليا الاول هذا الاب كان شيخا كبيرا قديسا فاضلا سيدا فى علماء زمانه من اهل كرخ جدان وكان اسقفا على الطيرهان. Weiter berichtet er über seine Wahl zum Patriarchen und seine Uebersiedelung nach Bagdad.

Amrus Matthaei filius („Tirhanae in patriarchali Nestorianorum provincia natus claruit circa annum Christi 1340" B. O. III I 580) اليا من كرخ جدان دخل بغداذ صبيا ونشا فى الاسكول فى المدائن واسيم قسا وتحقق ببنى الجمل فصار

1) Vgl. Bar Hebraeus, Chron. eccles. ed. Abeloos et Lamy III 286 f.

يعرف بهم فاسامه يوانيس اسقفا على الطيرهان لما عرف من علمه واشتهر من فضله وسداده وانغب نفسه وكدّ جسمه في قراءة الكتب ودرس العلوم الخ. Elias starb am 7. May 1049 vgl. Assem ibid. Dass dieser Elias der Verfasser der vorliegenden Grammatik ist, erhellt aus der Ueberschrift, nach welcher er sein Werk verfertigte, ehe er zum Bischof von Tîrhân [1]) erwählt wurde. Ein anderer Patriarch Elias, welcher einmal Bischof von Tîrhân gewesen wäre, ist nicht bekannt.

Dagegen war als Grammatiker berühmt ein Elias, Metropolit von Soba, welcher bald nach dem Tode des ersten Elias starb. Aus der bei Assemânî B. O. III 1 267 gegebenenen Inhaltsübersicht seiner Grammatik erhellt, dass dieselbe mit der hier veröffentlichten Nichts gemeinsam hat. Die letztere scheint Assemâni gänzlich unbekannt geblieben zu sein, denn er bemerkt zu Ebedjesu's oben angeführten Worten [illegible] nur: „tractatus grammaticos“, exstat unus de punctis, quem Johannes bar Zughbi suae grammaticae inseruit. Dieser Tractat der Bar Zu'bî ist kürzlich von Martin herausgegeben, [2]) aber auch er ist von unserer Grammatik verschieden.

Der von Amira in seiner Grammatik citirte Elias ist nach den Anführungen nicht der unsere, also wohl der von Soba.

Der Anlass für die Herausgabe des vorliegenden Werkes trotz seiner grossen Mängel war in erster Linie der Wunsch, die älteste syrische Grammatik, die wenigstens als solche das Interesse in Anspruch nehmen darf, vor endgültiger Vernichtung zu bewahren. Elias starb 1049, wurde Patriarch 1028; seine Grammatik schrieb er, ehe er Bischof von Tîrhân wurde, und da er ein hohes Alter erreichte, wird man etwa das Jahr 1000 als den Zeitpunkt ansehen dürfen, um welchen er sein Werk verfasste; dasselbe ist demnach um 250 Jahre älter als Bar Hebräus Grammatiken und abgesehen von den Fragmenten

---

1) Ueber die Lage von Tîrhân gegenüber Tekrit am Tigris vgl. Bar Bahlul und Bar Ali bei Gesenius hebr. Wörterbuch 8. Aufl. S. XII f.

2) Traité sur l'accentuation chez les Syriens orient. par l'abbé Martin Paris 1877.

Jacob von Edessa's überhaupt die älteste syrische Grammatik.[1]) Auch als Vertreter der nestorianischen Schule darf Elias wohl auf Interesse rechnen.

Die Handschrift nun, in welcher diese Grammatik aufbewahrt ist, geht mit schnellen Schritten ihrer Auflösung entgegen. Cod. ms. Syr. Berol. Petermann 9 ist in schöner nestorianischer Schrift geschrieben, allein das Papier des zweiten Theiles, in welchem sich die Grammatik befindet, hat sehr gelitten. Der Codex ist a. 1260 geschrieben, das Papier des zweiten Theiles ist jedoch bedeutend älter — es ist ein Palimpsest, auf welchem die ursprüngliche Schrift noch oft durchschimmert. Die Blätter sind vielfach zerbrochen und zerbröckeln bei jedem Gebrauch mehr; manchmal sind die Buchstaben nur noch aus den Umrissen zu erkennen, hin und wieder fehlen sie bereits ganz. Ich habe an solchen Stellen meine Ergänzungen in Klammern eingeschlossen. Das Lesen wird schliesslich dadurch erschwert, dass schadhafte Stellen mit durchsichtigem Papier überklebt sind.

Der Text ist leider trotz seines verhältnissmässig hohen Alters ausserordentlich corrumpirt; im besonderen fehlen im Abschnitt über die Accente vielfach die Zeichen, wodurch die Beispiele werthlos werden. Hier ergänzend einzutreten schien mir jedoch auch abgesehen von typographischen Schwierigkeiten misslich, dagegen habe ich den Worttext an mehreren Stellen zu verbessern gesucht. Allerdings bin ich mir vollkommen bewusst, dass mir dies nur theilweise gelungen ist: ich werde daher für etwaige Berichtigungen oder Verbesserungsvorschläge Jedermann dankbar sein. Herrn Professor Hoffmann, dem ich eine Anzahl werthvoller Conjecturen, die ich mit H bezeichnet habe, sowie das Verständniss verschiedener Stellen verdanke, statte ich auch hier noch öffentlich meinen ganz ergebenen Dank ab.

---

1) Ich erfahre nachträglich, dass in einem neu erworbenen Manuscript des East India Office grammatische Tractate des Ḥunein bar Isḥâk erhalten sind, welche demnächst veröffentlicht werden.

Mit Hülfe der himmlischen Barmherzigkeit schreiben wir die „Verbesserung der syrischen Sprache“, verfasst vom Katholikos Mâr Elias — sein Gebet möge uns helfen — welche er schrieb, ehe er zum Bischof über das Gebiet von Tirhân erwählt wurde. [1]). Herr hilf mir in deiner Barmherzigkeit.

Vorrede des Verfassers.

Nachdem ich Untersuchungen und Uebungen in syrischer und aramäischer Sprache angestellt hatte, nicht etwa der knabenhaften und bäurischen, sondern vielmehr in den Hörsälen der Schulen; und mir die Fähigkeit aus dem Archiv der Schreiber des heil. Geistes entnommen hatte; auch in der Grammatik arabisch einen kleinen Versuch gemacht hatte, und ebenso im Syrischen; und zwar nachdem ich auch die logischen Schriften der Aristoteliker selbst mit vieler Hingabe und nach körperlicher und geistiger Mühe und Arbeit beendet hatte, nämlich das Organon, d. i. Werkzeug, welches zur Wahrheit und Gewissheit der Dinge führt, wenn schon bei natürlichen und göttlichen, um wie viel mehr bei solchen Dingen, welche Logik und Sprache betreffen; nachdem ich ferner mancherlei Regeln nach der griechischen Grammatik gebildet hatte, denn wenn ich auch das Griechische nicht kenne, so doch die Ueberlieferungen, welche darüber im Syrischen vorhanden sind, und diese oder jene kleinen Winke von solchen Lehrern, welche

1) [illegible] von *Χειροτονία*.

diese Sprache kannten und verstanden; nachdem ich endlich auch bei kundigen Leuten von Mund zu Mund über die Regeln der griechischen Sprache Erkundigungen eingezogen hatte, hielt ich es für eine Sache der Nothwendigkeit, für die lernbegierigen Anfänger in syrischer Sprache eine Abhandlung zu schreiben mit sorgfältiger Aufmerksamkeit auf Regelmässigkeit der Gedanken, welche ich anordne. Ich halte mich aber in erster Linie an die arabische Sprache, in welcher diese Kunst reich ausgebildet ist. Und so werde ich denn die reichen Begriffe offenbaren und erscheinen lassen, die in dieser syrischen Sprache verborgen sind, selbst in jener gewöhnlichen Sprachweise, welche nicht auch nach den Regeln in den Büchern gebildet ist, wie dies auch bei den Arabern gerade so der Fall war von der Zeit ihres ersten judenchristlichen [1]) Bekenntnisses an, wo sie richtig sprachen und ohne Fehler, weil sie nicht unter die verschiedenen Sprachen gemischt waren und sich keine Verderbniss ihrer Sprache zugezogen hatten. Erst als die Araber mit den Persern und Anderen in Berührung traten, hatten die Sprachkundigen diese und jene Regel und schrieben für Anfänger und Leser, damit dieselben durch sie zur Genauigkeit dieser Sprache angeleitet würden. Ebenso zeigt auch

---

1) Cod. Petermann 9 fol. 180. ܕܐܝܠܘ [ܗܘܝܐ ܟܪܣܛܝܢܝܬܐ] ܡܢ ܬܘܕܝܬܗܘܢ ܝܗܘܕܝܬܐ ܟܪܣܛܝܢܝܬܐ. – Es ist bekannt, dass ein ziemlich grosser Theil der vorislamischen Araber sich zum Christenthum bekannte. Merkwürdiger als die falsche Verallgemeinerung des Elias ist seine Angabe vom Judenchristenthum jener Araber, da man doch nach Galater 1, 17 eher das Gegentheil erwarten sollte. Allein ich finde bei Schahrastânî († 1153 p. Chr.) Milal wa Niḥal I p. ١٧٢ folgende bemerkenswerthe Stelle, welche wie es scheint des Verfassers eigene Ansicht wiedergiebt: „Nachdem Christus getödtet und an's Kreuz geschlagen war, stieg er herab und zeigte sich Simon Petrus, redete mit ihm und übertrug ihm die Gewalt. Dann verliess er die Welt und fuhr gen Himmel. Simon Petrus war nun sein Vertreter; er war der ausgezeichnetste unter den Aposteln in Bezug auf Wissen, Frömmigkeit und Bildung. Allein Paulus trübte sein Werk, indem er sich zu seinem Genossen machte, die Grundlage seines Wissens veränderte und sie mit der Lehre der Philosophen und den Einflüsterungen seines Denkens vermischte.“ — Aus ähnlichen Aeusserungen, die in der That Nachklänge alten Judenchristenthums sind, wird Elias Angabe zu erklären sein.

die syrische Sprache die in ihr enthaltenen Begriffe den Syrern ohne Mühe bei natürlicher d. h. gewöhnlicher Sprechweise. Allerdings hält man diese Sprache für eine eigentlich arme und an festen Regeln, die das Ziel der Rede andeuten, dürftige: ich urtheile jedoch durch eine Arbeit zeigen zu können, was virtuell in ihr enthalten ist. Gewebe schreibe ich und will das Urtheil den Freunden der Wahrheit überlassen, den jetztlebenden und denen, welche in kommenden Zeiten die vergängliche Welt betreten. Und die zerstreuten und vertheilten Gedanken will ich sammeln und vereinigen, auf dass wir vollständig die Bestimmungen dieser syrichen Sprache erkennen, sowie die festen Regeln, welche ihren Nominibus und Verbis vom Alter der Zeit gegeben sind und von denen, welche nicht unbesonnen und confus darauf Acht gaben und geben, wie sie die Dinge in ihrer Rede ausdrücken sollen — ich meine die alten Lehrer wie auch die neueren.

Bestimmung also oder Ziel der Grammatik ist, dass wir richtig sprechen und (unsere Gedanken) in der Sprache kund thun, denn so lautet der Name griechisch: Orthoepie;[1]) arabisch aber „Darlegung"[2]) d. h. Darlegung von Thatsachen in arabischer Sprache. Eine Zusammenfassung also der Grammatik ist kurz die Wissenschaft von den Bewegungen der Nomina und Verba und Satzglieder in irgend einer Sprache oder bei der Mehrzahl derer, welche irgend einer Sprache angehören, d. h. die Wissenschaft von den Regeln über die verschiedenen Bewegungen bei Nominibus, Verbis und Satzgliedern, welche in der Seele verborgene Begriffe kund thun.[3]) Ich will z. B.

1) Vgl. Quintilian Instit. orat. I 4, 2 und 6, 20 wo die „recte loquendi scientia" = *ὀρθοέπεια* freilich nur den einen Theil der Grammatik bildet.

2) Bar Bahlul H. ܓܪܡܛܝܩܘܬܐ . . . . . النحو والاعراب ومعنى الاعراب البيان.

3) Zu dieser Definition ist Folgendes zu bemerken. Das Wort ܡܦܩܢܘܬ ܡܠܬܐ umfasst, wie sich aus dem Folgenden ergiebt, Vocalveränderungen und Interpunction. Ueber eine ähnliche Auffassung der Grammatik bei den Griechen vgl. Steinthal, Geschichte der Sprachwissenschaft p. 534. — „In irgend einer Sprache" heisst es im ausdrücklichen Gegensatz gegen die Griechen, welche die Grammatik auf ihre

kund thun, dass Gott Himmel und Erde geschaffen hat: ich sage also: „Im Anfang schuf Gott den Himmel und die Erde"; fehlte [1] hier (im Text) die Bewegung (der Accent), nämlich Taḥtâjâ und das davor befindliche Rethmâ, so hätten wir nicht erfahren, dass Gott Himmel und Erde geschaffen hat; [2]) und auch in der Rede thäten wir es nicht kund. [3]) Ebenso verbinden wir mit allen übrigen Theilen und Arten der Punctation in der syrischen Sprache diese oder jene Ziele, und sie wollen wir mit Hülfe Christi erklären und erläutern. —

Sprache beschränken. Für die Worte: „oder bei der Mehrzahl derer, welche einer Sprache angehören" vgl. die Definition des Dionysius Thrax: *γραμματική ἐστιν ἐμπειρία τῶν παρὰ ποιηταῖς τε καὶ συγγραφεῦσιν ὡς ἐπὶ τὸ πολὺ λεγομένων.* Ueber den ursprünglichen Sinn dieser letzten Worte vgl. Steinthal l. l. 535.

1) Statt des ersten ܗܘܐ im Texte lies ܗܢܐ H.

2) Man könnte den syr. Text nämlich auch anders verstehen, vgl. Bar Hebraeus grosse Grammatik IV 6, 1.

3) Nämlich wenn man nicht den Accenten gemäss spräche. Dies bezieht sich auf die Regeln über die *ἀνάγνωσις* vgl. Dionysius Thrax § 2 *ἀναγνωστέον δὲ . . . κατὰ προσῳδίαν* und den Scholiasten dazu.

Cap. I. Durch welche Mittel bezeichnen wir das Agens oder den Handelnden in der syrischen Sprache? Die arabische Sprache nämlich hat in der Grammatik Termini als Bezeichnung derer welche handeln und derer welche leiden d. i. Fâ'il und Maf'ûl. Wir behaupten nun, das ein erstes Erkennungsmittel das Wesen d. i. die Möglichkeit von Agens und Patiens ist; z. B. wenn wir sagen: „Jahbalâhâ ass Brot", so haben wir erkannt, dass Jahbalâhâ das Agens ist, und das ist der Essende; Brot aber ist das Patiens, d. i. das was gegessen wird. — Zweitens auf Grund der Buchstaben, welche Artikel [1]) genannt werden, d. i. Bêth, Dâlath, Lâmadh; eigentlich jedoch bezeichnen wir das Patiens durch Lâmadh. Z. B. wenn wir sagen: Joseph zeugte den Ephraem ܠܐܦܪܝܡ) so haben wir verstanden wer der Erzeuger und wer der Erzeugte ist. — Drittens aus der Anordnung der Nomina und daraus, welches vorne steht. Nämlich folgendermassen: wir setzen beständig [wo eine Zweideutigkeit zu befürchten ist] [2]) das Agens an die erste Stelle und das Patiens hinterher wie die Araber es thun bei Nominibus, welche indeclinabel und auf gleiche Weise determinirt sind, und als Grund geben sie an, dass, wenn dies geschähe, wir die Grammatik nicht gebrauchten. [3]) So sagt z. B. David

1) Nach ܦ 11, ܦܓ 12 ist auch wohl hier ܣܘܡܟ̈ܐ zu lesen. H.

2) Dies oder etwas Aehnliches muss ergänzt werden.

3) Nach Ibn 'Aqîl im Commentar zu Ibn Mâlik's Alfijja ed. Diterici p. ١٢٦ ist es nothwendig, das Fâ'il dem Maf'ûl vorangehen zu lassen, wenn eine Zweideutigkeit entstehen könnte, z. B. wenn der 'I'râb bei beiden nicht sichtbar ist und keine begleitende Partikel (قرينة) da ist.

(ψ 86. 5): „Der Herr hat den Himmel (ܫܡܝܐ) geschaffen" d. i. soviel wie ܠܫܡܝܐ. Wenn Jemand sagen sollte, es sei etwas sehr Unschönes in arabischer Sprache und Barbarisches, Lâmadh zum Nomen hinzuzufügen, um das Patiens zu bezeichnen, so geben wir zu, dass dies freilich in arabischer Sprache zu vermeiden ist, in syrischer Sprache dagegen ist es etwas Schönes, nicht Fremdartiges und Gewöhnliches.[1]) — Wenn nun (trotz der unter III angeführten Regel) die Uebersetzer jenes Wort im Evangelium (Joh. 1, 18) lasen: „Gott hat nie Jemand gesehen", so verstanden sie aus dem Wesen der Thatsache, um die es sich hier handelt, das Agens und das Patiens. Ebenso jenes Wort (Joh. 6, 27): „Denn diesen hat Gott Vater versiegelt": dies hat man vorzüglich bei einer grossen Anzahl so verstanden: „Gott hat den Sohn zum Vater gemacht". Einige aber: „der Vater hat den Sohn zum Gott gemacht", und dies war möglich, weil bei diesen Nominibus eine Undeutlichkeit vorhanden ist, nämlich welches Agens und welches Patiens ist.[2]) Ferner sagt Lucas (1, 1): „Da Viele unternommen haben, die Geschichten zu schreiben, mit denen wir bekannt sind": hier gewinnen wir das Verständniss aus dem Umstande, dass das Wort „Viele" vorangestellt ist, oder aus der Natur der Dinge, denn Geschichten schreiben nicht. Wir behaupten also, dass das Agens „Viele", das Patiens aber „Geschichten" sind. Hätte er das letztere Wort mit dem Lâmadh versehen, so wäre das Verhältniss des Verbi zu Agens und Patiens noch deutlicher gewesen.

Ferner wird [viertens] das Agens aus Singular oder Plural, Masculinum oder Femininum des Verbi erkannt. Nämlich folgendermassen. Der Weise spricht (Prov. 14, 34): „Es verringern

---

welche Fâ'il vom Maf'ûl unterscheidet. Z. B. ضَرَبَ مُوسَى عِيسَى wo Mûsa Fâ'il, 'Isa aber Maf'ûl sein muss. Mit dem Wort „Grammatik" wird Elias eben solche Qarîna meinen, wie sie z. B. in dem Satze إِنْ كُنْتُم لِلرُّؤيا تَعْبُرُون nothwendig ist, dagegen in dem obigen Beispiel vor 'Isa „etwas sehr Barbarisches" wäre.

1) H. ܡܚܝܡܢܐ.

2) Dasselbe bei Bar Hebraeus, grosse Gram. p. 40.

(ܡܙܥܪ̈ܢ) Völker fem.) die Sünden masc.)". Man sieht, dass die Sünden die verringernden sind, d. h. die handelnden, „Völker" aber die leidenden. denn wenn das Wort „Völker" das Regens wäre, so hätte er gesagt ܡܙܥܪ̈ܝܢ. Allerdings haben Correctoren in der Art verbessert. dass man lesen solle: „Es verringern Sünden die Völker", so dass das Agens vorangehe, das Patiens aber nachfolge.

Ebenso sagt der Apostel (1 Cor. 15, 33): es verderben (ܡܚܒ̈ܠܢ) gute Gedanken (masc.) die bösen Geschwätze (fem.)" d. h. die Gedanken werden durch die Geschwätze verderbt; wir verstehen jenen Satz vorzüglich, da ܡܚܒ̈ܠܢ auf ein Femininum hinweist, „Gedanken" aber ein Masculinum, also die leidenden sind. Dies erkennt man ganz besonders auch noch aus der Möglichkeit der Thatsachen, ebenso wie wir es vorhin in dem Beispiel von Moses und dem Brot gesehen haben. dass das Brot den Moses [1]) nicht essen kann. wohl aber Moses das Brot. — Wir wollen noch ein Beispiel dafür anführen. dass wenn das Agens vorausgeht, das Patiens des Artikels [2]) Lâmadh nicht bedarf. Wir lesen im Gesetze (Num. 22, 25): „Und klemmte den Fuss (ܪܓܠܗ) Bileams an die Wand" d. i. die Eselin klemmte ܐܠܨܬܗ. Und wie wir im Evangelium Marci lesen (6, 27): „Und ging hin und hieb das Haupt (ܪܫܗ) des Johannes ab im Gefängniss", d. i. ܠܪܫܗ. „Ging" nämlich der Henker: bei Matthaeus aber heisst es (14, 10): „Und schickte hin und hieb das Haupt des Johannes ab", nämlich Herodes. Und bei Paulus lesen wir (1 Cor. 11, 23 ff.): „Unser Herr Jesus in der Nacht da er verrathen ward, nahm er das Brot (ܠܚܡܐ), dankte und brach es . . . und auch den Kelch (ܟܣܐ) gab er und sprach . . . ", und weiter: „So oft ihr esset dieses Brot (ܠܚܡܐ) und trinket diesen Kelch (ܟܣܐ)". Merke wie er das Agens voranstellt ohne Lâmadh zum Patiens hinzuzufügen. weil Brot nicht essen sondern nur gegessen werden kann. — So auch jenes Wort, welches wir im Deuteronomium lesen (9, 21): „Und

1) d. i. Jahbalâhâ, wie hier stehen sollte.

2) ἄρθρον Steinthal I. l. 255. 570.

warf seinen Staub (ܥܦܪܗ) in den Bach, der vom Berge fliesst", d. i. ܥܦܪܗ. Und eine allgemeine Regel gebe ich euch, dass, so oft das Pronomen suffixum Hê [einem zusammengehörigen Verbum und Nomen angefügt ist, wie z. B. in ܫܡܥܗ ܩܠܗ — von ܫܡܥܗ ist ܫܡܥ das Verbum, ܗ das Pronomen;][1]) von ܩܠܗ ist ܩܠ das Nomen, ܗ das Pronomen — also: ܫܡܥܗ ܩܠܗ.. ܣܟܘܢܬܗ ܩܛܠܬܗ.. ܡܫܝܚܬܗ ܥܦܪܬܗ.. wenn die drei Hê, welche am Ende dieser Verben stehen, fortgenommen werden, so gewinnt der Ausdruck einen grösseren Schmuck. Oder sonst, wenn du Hê zum Verbum hinzufügen willst, so füge auch Lâmadh zum Nomen, damit der Satz an Gefälligkeit gewinne; z. B. ܫܡܥܗ ܠܩܠܗ u. s. w. Wird aber das Hê von diesen Verbis fortgenommen, so sagt man ܫܡܥ ܩܠܗ u. s. w. Auch in jenem Wort des Evangelium Lucae (7, 45): „Diese aber, nachdem sie hereingekommen ist hat nicht aufgehört meine Füsse zu küssen" sind „Füsse" das Patiens, d. h. dasjenige welches der Infinitiv „küssen" regiert;[2]) d. h. „sie hat nicht aufgehört zu küssen meine Füsse". Allein das Weib ist es ja, welches küsst, die Füsse aber können das nicht thun (und deshalb braucht jene Umstellung nicht vorgenommen zu werden). Und auch die Form ܢܫܩܬ. welche das Femininum Singularis bezeichnet, hätte schon die Möglichkeit des Irrthums entzogen. — So auch jenes Wort im Hiob (31, 27): „Wenn meine Hand meine Lippen geküsst": die Correctoren jedoch haben wegen der (angeblichen) Möglichkeit der Thatsachen (d. h. wegen des Doppelsinnes) verbessert, dass gelesen werden solle: „Wenn meine Lippen meine Hand küssen werden". So muss man es allerdings erklären, denn dass die Hand die Lippen küsste ist nicht sinnentsprechend, sondern umgekehrt.

Cap. II. Man muss wissen, dass die Nomina in dieser syrischen Sprache indeclinabel und fest sind und keine Veränderungen durch Vocalbewegungen erleiden, die an ihrem

---

1) Dass hier ein Satz ausgefallen ist, ist klar. Die Ergänzung ist von H.

2) Lies ܕܢܫܩܐ H.

Anfange und Ende hinzutreten, wie in der griechischen Sprache am Anfange [1]) und Ende. Demnach ist der Sinn der Gedanken leicht zu erreichen für die, welche geübt sind, sie richtig zu sprechen. Auch finden sich die fünf — oder wie Andere wollen vier — Vocalbewegungen [2]) (Casus) der Griechen und die drei der arabischen Nomina bei den syrischen Nominibus in diesen drei Buchstaben wieder, welche Artikel genannt werden, nämlich Bêth, Dâlath, Lâmadh, und sie gewähren für das Verständniss der syrischen Satzbildungen einen nicht geringen Nutzen.

Man muss bemerken, dass die Flexionsform (*κλίσις*), welche im Griechischen Accusativ und Dativ heisst, dass die auf folgende Weise sich unterscheiden. Der Accusativ tritt ein, wenn Jemand einen Anderen Etwas in sein Wesen aufnehmen lässt, wie z. B. irgend eine Lehre und Gesundheit; der Dativ aber, wenn Jemand Etwas giebt, das nicht wesentlich aufgenommen wird, wie ein Gefäss, ein Buch, ein Schwert. Die Araber nennen den Empfänger dieser beiden Arten Maf'ûl; die Syrer aber unterscheiden vermittelst der oben angegebenen Merkmale, ohne den empfangenden Nominibus am Ende eine Vocalveränderung zu geben. [3])

1) Elias denkt wohl an die Pronomina vgl. Bekker Anecdota p. 911 *αἱ ἀντωνυμίαι τὰ πρόςωπα περὶ τὴν ἀρχὴν κινοῦσιν*.

2) Mit Streichung des Lâmadh. H.

3) Dieser Abschnitt ist einigermassen dunkel. ܝܗܒܘܬܐ ist der Dativ s. cap. XVI. Der Accusativ wird dort ܥܒܘܕܢܝܬܐ genannt = *αἰτιατική*; allein ܥܒܘܪܝܬܐ (wofür H. ܥܒܪܢܝܬܐ = *μεταβατική*, das ich aber nicht nachweisen kann) wird dasselbe sein. vgl. Trendelenburg bei Steinthal p. 295 *αἰτιατική* is erit casus, qui ad actionis effectum indicandum ratus est, ut eum non accusativum sed potius effectivum vel causativum reddi opportuerit. Der Abschnitt wird nun aber erst verständlich, wenn man nach ܥܠ ergänzt ܫܪܝܐ oder ܥܠ ܗܘ statt ܗܘ ܥܠ liest. Für das Weitere vgl. Apollonios Dyskolos Syntax übersetzt von Buttmann S. 239 f.: „Alle Verben, mit deren Bedeutung die Begriffe: zu Jemandes gunsten Etwas thun u. s. w. (*ἅπαντα τὰ περιποίησιν δηλοῦντα*) sich verbinden lassen, sei es auf geistigem, sei es auf sinnlichem Gebiete, werden mit dem Dativ construirt. [Sie können auch mit dem Accus. construirt werden, aber so, dass ein wesentlicher Unterschied zwischen diesen

Cap. III. Frage. Aus welchen Anzeichen und Merkmalen erkennt man das Patiens, dessen Agens nicht zu gleicher Zeit erwähnt ist? Lösung. Wir haben vorhin bemerkt, dass die Nomina keine Veränderung erleiden, auch wenn sie in verschiedener Beziehung gebraucht werden; wenn wir nun das Patiens anführen durch ein Verbum, welches auf ein Leiden [1]) hinweist, so unterscheiden wir dadurch die passiven Sätze und das genügt, ohne dass wir einer Vocalveränderung des Nomens bedürften, wie es arabischer Gebrauch ist. Z. B. sagen wir „Noah wurde geschlagen": uns genügt die Flexion des Verbums um anzudeuten, das Noah das Object des Schlagens war. Ebenso steht es, wenn wir von solchen Handlungen sprechen wie: „Eine Schrift wurde geschrieben", „eine That wurde gethan", „der Sieg wurde gegeben". — Der Araber hat auch die Gewohnheit, Ort und Zeit als Patiens zu setzen, wir Syrer dagegen wenden hier Zusätze an. Den Ort bezeichnen wir durch das Bindeglied Lâmadh, wie wir sagen: „Jesus kam ܠܒܝܬܐ in das Haus"; „Simon ging ܠܗܝܟܠܐ in die Halle"; „der Herr stieg ܠܣܦܝܢܬܐ auf das Schiff". Die Zeit aber drücken wir aus auch ohne Lâmadh hinzuzusetzen, denn wir können [2]) sagen: „Jemand ging ܙܒܢܐ ܣܓܝܐܐ lange Zeit", „Jesus rief ܝܘܡܐ einen Tag lang", „Josef betete ܫܥܬܐ eine Stunde".

Cap. IV. Frage. Welche Regeln beachtet der Syrer bei der Aneinanderfügung von Nominibus im Verhältniss zu den Arabern? Lösung. Aus der Hinzufügung des Artikels oder Bindegliedes Dâlath erkennt man, dass ein Nomen mit einem anderen in Verbindung gesetzt ist, was die Araber 'Idâfe nennen, z. B. ܡܕܝܢܬܐ ܕܦܠܢ (Stadt Jemandes), ܒܝܬܗ ܕܦܠܢ (Haus Jemandes).

---

beiden Constructionen besteht] . . . τέμνω σοί . . . d. h. ich verschaffe dir einen (losgetrennten) Theil jenes Körpers. In τέμνω σέ dagegen überträgt sich die Thätigkeit ganz auf den andern Gegenstand u. s. w." — An etwas Aehnliches wird Elias denken, allein seine Beispiele passen nicht; seine Unkenntniss des Griechischen hat ihn zu einem Missverständniss oder halben Verständniss geführt. Vgl. noch Bekker Anecdot. 634.

1) ܚܫܘܫܘܬܐ fordert der Zusammenhang.

2) Die Streichung der Negation (H.) oder eine andere Correctur ist nothwendig.

Hierbei kann man das erste Nomen beliebig mit Alaf oder Hê endigen lassen, ohne dass ein Unterschied entstände. ܟܬܒܐ ܕܡܘܫܐ (Buch Mosis), ܡܫܪܝܬܐ ܕܐܝܣܪܝܠ (Lager Israels), ܐܠܗܗ ܕܝܥܩܘܒ (Gott Jacobs). — Zweite Regel. (Die Verbindung wird hergestellt) dadurch dass man Alaf vom Nomen abschneidet oder Jûd, welches dem letzten Alaf angefügt ist, z. B. ܡܕܝܢܬ ܪܗܘܡܝܐ (Stadt der Römer), ܒܝܬ ܐܢܫ (Haus Jemandes). ܟܬܒܬ ܡܘܫܐ (Buch Mosis), ܡܫܪܝܬ ܐܝܣܪܝܠ (Lager Israels) ܐܝܕ ܝܥܩܘܒ (Hand Jacobs). ܪܓܠ ܝܘܣܦ (Fuss Josefs). So auch im Plural: ܥܝܢܝ ܡܪܢ (Die Augen unseres Herrn), ܪܓܠܝ ܐܢܫ (Füsse Jemandes) ܟܬܒܝ ܐܢܫ (Schriften Jemandes). — Das Jûd aber (wird) folgendermassen (abgestossen): (aus ܡܪܝܐ wird) ܡܪܐ (Herr), ܡܪܐ ܒܝܬܐ (Hausherr). In der heil. Schrift finden wir folgende Beispiele ܐܠܗ ܐܠܗܝܢ (Gott der Götter ψ 50, 1) ܪܘܪܒܢܝ ܦܪܥܘܢ (die Grossen Pharaos), ܡܕܝܢܬ ܩܘܕܫܐ (Stadt der Heiligkeit), ܥܒܕ ܡܠܟܐ (Diener des Königs). ܡܠܟ ܡܠܟܐ (König der Könige).

Cap. V. Frage. Hat die syrische Sprache eine Verkürzung der Verben, welche die Araber el Gezm nennen, und wenn dies der Fall ist, welche Verben trifft sie und auf welche Weise? Antwort. Die Verkürzung trifft die Verbalformen, welche im Futur stehen, entsprechend der Regel der Araber und zwar auf zwei Arten, nicht wie die Methode der Araber ist. Nämlich entweder durch das Abschneiden eines Consonanten am Anfange, welches Tempus es auch sei,[1]) oder durch das Fortnehmen eines Vocals. Jedoch trifft die Verkürzung nicht jedes Verbum, welches im Futur steht, sondern nur die, welche am Anfange Alaf oder Jûd oder Nûn haben. Z. B. bei Futurformen; ܐܬܐ (er kam); spreche ich von mir selbst, so sage ich ܐܬܐ (ich werde kommen): ܐܙܠ (er ging) ܐܙܠ (ich werde gehen); es ist also Alaf vom Verbum abgeschnitten. Denn

1) Die in der Uebersetzung vorgenommene Umstellung ist nach dem Folgenden nothwendig.

wenn man sagt ܥܒܶܕ, so hat man davon für die erste Person die Form ܐܶܥܒܶܕ zu bilden:[1] ebenso von ܐܶܐܡܰܪ (mit Elision des einen ܐ) ܐܶܡܰܪ. Bei Jûd steht die Sache so: vom Verbum ܝܺܕܰܥ (er weiss) heisst es im Futur in der dritten Person und in der ersten Person Pluralis ܢܶܕܰܥ; es ist nämlich das Jûd vom Verbum fortgenommen. Ebenso ܝܗܰܒ (er giebt ܢܶܬܶܠ[2]) (er wird geben) ܝܬܶܒ (er sitzt) ܢܶܬܶܒ (er wird sitzen). Nûn endlich auf folgende Weise ܢܩܰܦ (er hing an), ܢܶܩܦ (er wird anhängen), ܢܣܰܒ (er nahm), ܢܶܣܰܒ (er wird nehmen), ܢܦܰܠ (er fiel), ܢܶܦܶܠ (er wird fallen). [ܐܰܝܬܺܝ (er brachte), ܢܰܝܬܶܐ (er wird bringen), ܐܰܪܓܶܙ (er reizte), ܢܰܪܓܶܙ (er wird reizen), ܐܰܪܦܺܝ (er liess), ܢܰܪܦܶܐ (er wird lassen), ܡܰܪܦܶܐ (er lässt), ܐܰܪܦܶܐ (ich werde lassen)].[3] — Im Imperativ lauten die Formen, wenn die drei Buchstaben Alaf, Jûd, Nûn abgeschnitten werden folgendermassen: von ܢܦܰܩ . ܢܦܰܠ . ܢܣܰܒ . ܐܙܰܠ . ܐܡܰܪ . ܝܺܕܰܥ . ܝܗܰܒ heisst der Imperativ ܙܶܠ . ܐܶܡܰܪ . ܕܰܥ . ܗܰܒ . ܦܽܘܩ . ܦܶܠ . ܣܰܒ .

Merke: die Verkürzung ist gebräuchlich bei den sogenannten Vocalbuchstaben[4] und vorzüglich findet sie sich auch bei den Verben, welche im Praesens stehen z. B. ܐܰܪܡܺܝ (er warf), ܡܰܪܡܶܐ (er wirft), ܐܰܥܒܶܕ (er handelte), ܡܰܥܒܶܕ (er handelt), ܐܰܫܪܺܝ (er liess lösen), ܡܰܫܪܶܐ (er lässt lösen). — Dies ist also die erste Art der Verkürzung, nämlich so dass ein Consonant unterdrückt wird. Die aber, welche im Wegnehmen eines Vocales besteht, findet sich nur bei Praesensformen z. B. ܐܰܢ݇ܬ ܦܳܬܰܚ (du öffnest), wo das Tau (von ܦܬܰܚ) mit Pthâḥâ versehen ist; wir nehmen einen Vocal von diesen weg und sagen ܦܳܬ݂ܚܰܬ, wobei Tau sein Pthâḥâ verloren hat. Ebenso ܐܰܢ݇ܬ ܡܣܰܒܰܥ (du sättigst), ܡܣܰܒܥܰܬ

1) Nach Correctur ܥܒܶܕ ܐܶܥܒܶܕ ܠܡܶܐܡܪܳܐ ܕܢܶܬܐܡܰܪ H. theilweise.

2) Dieselbe Form bei Bar Malkom Cod. Petermann 9. fol. 47b.

3) Die in [ ] eingeschlossenen Beispiele gehören nicht hierher. H.

4) Ueber die Vocalbuchstaben Alaf, Vau, Jûd (Aristoteles: φωνήεντα) vgl. Amira Gram. syr. p. 31 und nachher Elias selbst.

ܒܪܟܬ du segnest), .. ܡܒܪܟܬܐ .ܡܒܪܟܬ, wo das Rêš seinen Vocal verloren hat. Ebenso die Verben in der zweiten Person Fem. Sing. z. B. für ܐܡܪܬܝ ܩܛܠܬܝ sagen wir ܩܛܠܬ für ܐܡܪܬܝ ܡܫܡܥܬܝ ... ܡܫܡܥܬ. für ܐܡܪܬܝ ܡܒܪܟܬܝ ... ܡܒܪܟܬ. Die Aussprache des Masculinum ist nämlich, falls die Verkürzung eintritt, von der [1] des Femininum nicht verschieden.

Schliesslich findet sich die Verkürzung auch beim Perfectum in der dritten Person masc. plur. z. B. ܥܒܕܘܢ (sie thaten) ܥܒܕܘ: ܐܟܪܙܘܢ (sie verkündeten) ܐܟܪܙܘ. Ebenso im Imperativ in derselben Person: ܨܠܘܢ (betet) ܨܠܘ: ܝܬܒܘܢ (sitzt) ܝܬܒܘ; ܥܒܕܘܢ (thut) ܥܒܕܘ. — Ebenso alle Femininformen des Plural im Praeteritum z. B. ܐܬܝܢ (sie kamen) ܐܬܝ; ܫܡܥܝܢ (sie hörten) ܫܡܥܝ; ܥܒܕܝܢ (sie thaten) ܥܒܕܝ.

Cap. VI. Frage. Kennt die syrische Sprache eine Verkürzung der Nomina wie die arabische, in der man sie el Tarkhîm nennt? Antwort. Jawohl, und zwar in ausgedehnterem Maasse als es bei den Arabern gebräuchlich ist; denn in der arabischen Sprache trifft sie nur einige Nomina, nämlich in der Anrede,[2] in der syrischen dagegen trifft sie alle Nomina, nur nicht auf ein und dieselbe Art und Weise. — Die Verkürzung der Nomina wird deutlich aus folgenden Beispielen: ܓܒܪܐ (der Mann) ܓܒܪ: ܐܪܥܐ (die Erde) ܐܪܥ: ܒܪܢܫܐ (der Mensch) ܒܪܢܫ: ܒܝܬܐ (das Haus) ܒܝܬ. Wisse jedoch, dass eine Veränderung der Vocalisation bei den Nominibus, wenn sie verkürzt werden, nothwendig ist wie bei den Verben.

Wisse auch, jedes syrische Nomen hat am Ende ein Alaf und hier giebt es keine Ausnahme; z. B. ܫܡܝܐ (der Himmel), die Erde, Gott, der Mensch, der Mann, das Pferd, die Welt, der Löwe, das Thier, die Frau, die Jungfrau u. s. w.

Es giebt drei Arten der Verkürzung bei den Nominibus; zuerst wenn mit dem Schlussâlaf weder ein Jûd noch ein

---

1) Statt ܗܘ muss beide Male ܗܝ stehen. H.

2) ترخيم المنادى.

(anderes) Alaf verbunden ist z. B. ܓܒܪܐ, ܐܪܝܐ, ܛܠܠܐ. Zweitens wenn am Ende (des Wortes) Alaf steht, mit welchem ein Jûd verbunden ist z. B. ܓܒܝܐ (der Auserwählte), ܡܪܝܐ (der Herr), ܕܟܝܐ (der Reine). — Drittens: wenn mit dem Alaf ein Tau verbunden ist [1]) z. B. ܕܡܘܬܐ (das Bild), ܬܚܘܝܬܐ (der Erweis). — Bei der ersten Art (ist das Verfahren so): aus ܓܒܪܐ wird ܓܒܪ, aus ܐܪܝܐ .. ܐܪܝ, aus ܟܠܒܐ .. ܟܠܒ, aus ܕܗܒܐ .. ܕܗܒ, aus ܢܦܫܐ .. ܢܦܫ. Bei diesen wird Alaf weggenommen. Die zweite Art ist die, das Jûd fortgenommen wird; von ܓܒܝܐ sagt man dann ܓܒܐ, ebenso ܕܟܐ, ܡܪܐ. — Die dritte Art ist die, dass Tau Alaf entfernt wird. Anstatt des Nomens ܣܗܕܘܬܐ (das Zeugniss) sagt man ܣܗܕܘ, (ebenso) ܒܥܘ (Bitte) ܒܝ (Haus). Bei dieser Art kommt es vor, dass Alaf bleibt, Tau aber elidirt wird z. B. ܡܕܝܢܬܐ (Stadt) ܡܕܝܢܐ; ܣܦܝܢܬܐ (Schiff) ܣܦܝܢܐ. — Eine vierte Art ist endlich die, dass dem Tau ein Jûd vorangeht; hier wird aus ܬܚܘܝܬܐ (der Erweis) ܬܚܘܝ; aus ܟܠܝܬܐ (das Verbot) ܟܠܝ; aus ܩܪܝܬܐ (der Balken) ܩܪܝ. Wisse übrigens, dass, wenn die drei Vocalbuchstaben in der Mitte der Nomina sind — mögen sie nun dem schliessenden Buchstaben [2]) unmittelbar vorangehen oder (weiter nach vorn hin) in der Mitte stehen — die Art der Verkürzung dieser Nomina verschieden von der der übrigen ist. [3]) Eine Auseinandersetzung über diesen Unterschied würde jedoch zu weit führen.

Cap. VII. Frage. In welchen Sätzen wenden die Grammatiker die Verkürzung der Nomina an? Antwort. In allen möglichen Sätzen, d. i. in allen Arten von Sätzen, nämlich den

1) Lies ܕܡܘܬܐ H.

2) Statt ܠܐ ܡܫܬܠܡܢܘܬܐ lies ܠܡܫܬܠܡܢܘܬܐ H.

3) Bei der ersten Classe denkt Elias wohl an Worte wie ܫܢܬܐ .. ܫܡܝܐ .. ܐܚܝܐ, welche nicht verkürzt werden können; bei der zweiten an Worte wie ܫܡܝܢܐ .. ܫܢܝܢܐ u. s. w. welche im stat. abs. ܫܡܝܢ .. ܫܢܝܢ lauten. Vgl. Amira 164.

vocativen, interrogativen, imperativen, precativen, enunciativen.[1]) Wisse auch, dass man sie anwendet in der Statusconstructusverbindung. Wenn Tau dem Alaf vorhergeht, so (ist die Verkürzung anders als bei den übrigen Nominibus z. B. ܐܬܘܬܐ. ܣܗܕܘܬܐ. ܒܝܬܐ. ܡܕܝܢܬܐ. ܨܠܘܬܐ. Wenn wir diese Nomina neben einem andern Nomen aussprechen,[2]) so sagen wir ܐܬܘܬ. ܡܕܝܢܬ. ܣܗܕܘܬ. ܒܝܬ. ܨܠܘܬ: wenn wir sie aber (im Status constructus) verbinden, so heisst es ܒܝܬ ܐܢܫ (Haus Jemandes), ܡܕܝܢܬ ܫܡܫܐ (Sonnenstadt), ܐܬܘܬ ܡܪܢ (Erweis unsers Herren), ܣܗܕܘܬ ܫܪܪܐ (Zeugniss der Wahrheit), ܨܠܘܬ ܣܓܘܕܝܟ (Gebet deiner Verehrer). Bei den übrigen Nominibus dagegen sind die beiden Arten (nämlich Status constructus und absolutus) nicht unterschieden z. B. ܡܪܝܐ (der Herr) ܡܪܝ u. s. w. Wenn wir sie aber in Verbindung setzen heisst es so: ܡܪܝ ܐܪ̈ܙܐ (der Vertraute), ܓܒܪ ܕܐܢ ܘܡܩܛܪܓܢ (ein richtender, anklagender Mann). Der Grund aber, dessentwegen wir bei jenen Nominibus zwei Buchstaben abgeschnitten haben, nämlich Tau und Alaf, ist der, dass die Buchstaben[3]) Vau und Jûd, die wir übrig gelassen haben, Vocalbuchstaben sind: daher genügen sie für die vocalische Aussprache[4]) z. B. ܐܬܘܬ u. s. w.

Ferner bedienen wir uns der Verkürzung, wenn wir von Etwas eine Aussage machen, das eine ganze Kategorie umfasst z. B. ܟܠ ܒܪܢܫ ܕܓܠ (jeder Mensch ist ein Lügner Röm. 3, 4). ܟܠ ܟܪܣܛܝܢ ܓܢܒܪ (jeder Christ ist ein Held). ܟܠ ܓܒܪ ܪܫܗ ܡܫܝܚܐ (jedes Mannes Haupt ist Christus 1. Cor. 11, 3) u. a. ä.

---

1) ܩܪܝܢܐ κλητικός.. ܫܐܘܠܬܢܐ ἐρωτηματικός.. ܦܘܩܕܢܐ προστακτικός.. ܨܠܘܬܢܐ εὐκτικός.. ܦܣܩܢܐ ἀποφαντικός vgl. Hoffmann de herm. apud Syros Aristoteleis p. 66 und Anm. p. 115.

2) Wie im ܟܠ ܐܢܫ und ܟܠ ܟܪܣܛܝܢ und in dem unten folgenden, wohl an falscher Stelle stehenden Beispiel ܓܒܪ ܕܐܢ ܘܡܩܛܪܓܢ oder auch als Prädikat.

3) Statt ܕܐܬܘܬ des Textes lies ܕܐܬ = ܕܐܬܘܬܐ H.

4) Vgl. p. ܠܚ 18.

Cap. VIII. Frage. Und weshalb wendet man die Verkürzung bei Nominibus und Verbis an? Antwort. Wegen der Einfachheit und Leichtigkeit[1]) bei Nominibus. So ist z. B. ܡܘܠܕܐ ܥܠ leichter als ܡܘܠܕܢܐ ܥܠ; ebenso ܓܒܪ einfacher als ܓܒܪܐ.. ܡܘܠܕܗ ܡܫܝܚܐ leichter als ܡܘܠܕܢܐ ܕܡܫܝܚܐ.. — Bei den Verbis ebenfalls wegen der Einfachheit: so sagen wir für ܢܣܒܘܢ .. ܢܬܒܘܢ.... für ܢܣܒ .. ܢܬܒ... Bisweilen aber auch, weil man die Verba nur verkürzt gebrauchen kann z. B. von ܐܬܐ (er kam) ܬܐ (komm), ܐܝܬܝ (er brachte), ܡܝܬܐ (er bringt); von ܢܣܒ (er nahm), ܢܣܒ (er wird nehmen); hier habe ich das eine Nûn abgestossen und den Vocal der Silbe als an Stelle des zweiten (Nûn) stehend (angesehen). Dementsprechend findet man auch noch in alten Büchern ܢܢܒܥ (er wird hervorquellen für ܢܒܥ... ܢܕܚܠ (er wird erschrecken) für ܢܚܠ.... ܢܢܓܗ (er wird aufleuchten) für ܢܓܗ: von ܝܗܒ (er gab) den Imperativ ܗܒ und das Imperf. ܢܬܠ[2]). — Auch jene Verbalformen (von denen oben die Rede gewesen ist) ܩܛܠܬܘܢ ܐܢܬܘܢ und ܩܛܠܬܝܢ ܐܢܬܝܢ (lauten) wegen der Kürze und um Schwere zu vermeiden ܩܛܠܬܘܢ und ܩܛܠܬܝܢ..:

Cap. IX. Ebenso erleiden die Nomina, welche im Plural stehen, die Verkürzung. Wenn (das Nomen auf) Alaf ohne Jûd, Tau und Vau (ausgeht), so tritt Jûd und Nûn hinzu z. B. ܓܒܪ̈ܝܢ (Männer), ܥܒ̈ܕܝܢ (Knechte), ܪ̈ܚܡܝܢ (Erbarmen): wenn aber Vau und Tau (dem Alaf vorhergeht), so heisst es(?) ܨܠܘ̈ܬܢ ܥܠ̈ܬܢ...; Nûn tritt hinzu und das genügt. Wenn Jûd und Tau (dem Alaf vorangeht), so stellt es sich ebenso z. B. ܟܣܝܬܐ (Plur. ܟܣܝ̈ܬܢ) und jedes ihm ähnliche Nomen. Wenn aber Jûd vor Alaf steht, so heisst es ܕܟܝܢ (Reine), ܓܒܝܢ[3]) Auserwählte). — Wisse: jegliches Nomen, dessen Plural zwei mal mit Zqâfâ versehen ist und in dem Vau und Tau vorkommen, wird

---

1) Vgl. Ibn ʿAqîl ١٩٤ إنّما أضيف طلبًا للتخفيف.

2) So wird man statt ܢܗܒ nach ܒ 10 in der That lesen müssen.

3) H.

folgendermaassen verkürzt: ܢܗܪ̈ܘܬܐ (Flüsse) ܢܗܪ̈ܘܬ ... ܣܗܕ̈ܘܬܐ (Zeugnisse) ܣܗܕ̈ܘܬ ... ܒܥܘ̈ܬܐ (Bitten) ܒܥܘ̈ܬ u. ähnl. Diejenigen aber, welche kein Vau haben, wohl aber Tau, werden so gebildet: ܫܪ̈ܒܬܐ (Stämme) ܫܪ̈ܒܬ ... ܩܕ̈ܝܫܬܐ (heilige Frauen) ܩܕ̈ܝܫܬ u. ähnl.

Cap. X. Die zwei Arten von Adverbien,[1]) welche die Araber Gefässe der Zeit und des Orts nennen, d. i. Zurûf ez Zemân wel Mekân, und die Conjunctionen, welche die Araber Ḥurûf nennen und die übrigen Worte ausser den Nominibus und Verbis, bringen die bei den Nominibus eine Vocalbewegung hervor? Antwort. Keineswegs, sondern sie bestimmen nur den Sinn in den verschiedenen Sätzen. Auch die Verba bringen bei den Nominibus keine Vocalbewegung hervor, auch nicht Nomina bei Nominibus; auch nicht die Praeposition und das Adverb z. B. längst, bevor, darnach, wie, wann, wegen, auf. Conjunctionen: denn, aber, daher. Alle diese üben keinen grammatischen Einfluss aus, sondern verleihen nur einen bestimmten Sinn und construiren die Nomina zu den Verbis gemäss den Zeiten und Personen.

Cap. XI. Nach welchen Regeln wird das bestimmte und unbestimmte Nomen, welches die Araber Maʿrife und Nakire nennen, in der syrischen Sprache erkannt? Ich behaupte, dass die bestimmten und unbestimmten Nomina sich nur durch (die hinweisenden Fürwöter) ܗܘ .. ܗܝ und ܗܢܐ unterscheiden lassen. Denn wenn wir sagen: Unser Herr stieg ܠܛܘܪܐ, so kann es ein bestimmter oder unbestimmter Berg sein. Wenn der Araber dagegen sagt الجبل, so ist er vollkommen bestimmt; sagt er aber جبل, so ist es irgend ein beliebiger Berg. Wenn der Syrer ähnlich sagt: Und unser Herr stieg ܠܣܦܝܢܬܐ, so unterscheidet er[2]) in dem Satze nicht, ob es ein bestimmtes Schiff sei. Wenn man aber sagt ܠܗܘ ܛܘܪܐ (auf den Berg), ܠܗܘ ܐܓܪܐ (auf das Dach), ܠܗܘ ܒܝܬܐ (in das Haus), ܠܗܝ ܣܦܝܢܬܐ

1) *ἐπίῤῥημα* Steinthal 570.

2) ܦܪܫ und vorher Sing. H.

(auf das Schiff) und: er ging ܥܠ ܠܡܕܝܢܬܐ (in die Stadt). ܥܠ ܠܗܝܟܠܐ (in die Halle), ܦܫܛ ܠܡܥܦܪܐ (er breitete den Mantel aus). ܦܠܓ ܠܩܝܣܐ (er spaltete das Holz). so sind diese Nomina im Satze vollkommen bestimmt. und von vorn herein ist bekannt, was das für ein Haus, Stadt. Schiff. Berg. Holz oder Mantel sei.

Cap. XII. Wie [1]) kommt es. dass die Conjunctionen u. s. w. Nomina und Verba nicht grammatisch beeinflussen. wohl aber Buchstaben dies thun bei Nominibus u. s. w. nämlich Bêth, Dâlath. Vau, Lâmadh? Also: Haus. Mann, Gericht, Krone, Schüler; ebenso: baute. richtete, vollendete. lehrte (s. die mit den Buchstaben ܒܕ ܘܠ anfangenden syrischen Worte im Text). Während nämlich die Anfangsbuchstaben [d. h. Casus] dieser Nomina und Verba hart sind, werden sie. wenn jene vier oben erwähnten Buchstaben zu ihnen hinzutreten weich. Und nicht allein bei Nominibus und Verbis bringen sie diese Veränderung hervor. sondern bei allen sieben Wortarten. Wenn die vier Buchstaben jedoch nicht zu ihnen hinzutreten. so bleiben sie unverändert. [2]) — In der That. wir verändern (eigentlich durch das Anfügen jener Buchstaben) Nichts an den Worten, weder durch ein Zqâfâ noch Pthâḥâ noch Rbhâṣâ noch ʿElâjâ noch Taḥtâjâ. sondern sie stellen nur eine Erweichung her [3]) und dies geschieht. damit diese leidenden Buchstaben von den nicht leidenden und nicht veränderlichen unterschieden werden. und damit wir darauf aufmerksam machen. dass jene vier hinzutretenden Buchstaben solche sind, welche den Verben und Satzgliedern einen bestimmten Sinn geben: und nicht unverständig werden sie bei der Anordnung der syrischen Sprache gebraucht.

Cap. XIII. Vom Modus, den die Araber Ḥâl nennen. und vom Enuntiativus oder Prädikat. welches die Araber Ḫabar

---

1) ܐܝܟܢܐ H.

2) Statt ܡܫܬܚܠܦܝܢ lies ܡܫܬܚܠܦܝܢ.

3) Für ܡܦܩܕ H.

nennen. Diese müssen nämlich (im Arabischen durch äussere Merkmale) bestimmt sein; sodann ebenso das Qualificativum,[1]) welches die Araber Na't nennen. Bei den Syrern versteht jedermann (diese Satztheile) ohne dass sie einer Veränderung der Vocale bedürften z. B.: Der und der ist beredt, Josef ist schön, Moses ordnet auf milde Weise, Jeremias war ein Priester. Wenn wir die Nomina (Subjecte) an das Ende setzen,[2]) so haben wir denselben Sinn, z. B.: Mild war Moses, schön war Josef, es weissagte Jesaias, es dichtete David, auf rühmliche Weise ordnete Moses, Priester war Jeremias. Nur versehen wir das Nomen (wenn es im Anfange steht) mit (dem Accent) Sâmkâ: wenn wir aber Modus, Enuntiativus und Qualificativ vor die Nomina setzen, so ist der Satz ein enuntiativer[3]) (vgl. c. VII) und Sâmkâ wird fortgenommen. „Auf rühmliche Weise, auf milde Weise" u. a. Aehnl. ist in den vorhin angeführten Beispielen Modus; „es weissagte" u. s. w. Prädikat und Enuntiativ; „Priester" aber, und „mild" und die übrigen ähnlichen Ausdrücke sind, nach Aristoteles Qualificativ. Wenn nämlich das Qualificativ vorangeht, so wird das Satzglied mit Pâsûqâ gelesen. So[4]) lesen wir z. B. bei Johannes (4. 24): „Geist ist Gott"; „Gott" ist hier das Nomen, „Geist" aber Qualificativ (*κατηγορία*). Hätten wir das Nomen an den Anfang des Satzes gestellt, so hätten wir gesagt „Gott ist Geist" mit den Accenten Mzi'ânâ und Sâmkâ. — Und wie wir im Gesetz lesen (Deutern. 4. 24): „Denn unser Gott ist verzehrendes Feuer"; „unser Gott"

1) ܡܫܡܗܢܝܬܐ = نَعْت, ܨܦ̈ܬܐ und وَصْف. Ueber die Bedeutung der *κατηγορία* und des *κατηγορεῖν* bei Aristoteles — und danach theilweise bei den syrischen Grammatikern — vgl. Steinthal 201 ff. 208: *κατηγορεῖν* bedeutet in der Schrift über die Kategorien nicht das Prädiciren im Satz, sondern das Benennen eines Dinges, indem das benennende Wort dessen Gattung oder Art aussagt, nicht in der Form des Satzes u. s. w." Es ist für das Verständniss eines Theiles der folgenden Beispiele nothwendig, sich hieran zu erinnern.

2) ܡܫܬܡܥܢܝܬܐ.

3) Es scheint, dass der Satz in diesem Fall mit dem Accent Pâsûqâ gelesen werden soll.

4) Hier und Z. 7 ist wohl ܐܥܡܕܐ zu lesen (H.)

ist hier Nomen, „verzehrendes Feuer" Qualificativ. — Ebenso lesen wir bei Daniel (Draco v. 28) „Ein Jude ist der König geworden". Und beim Apostel (Röm. 1, 1) „Paulus, Diener Jesu Christi"; „Paulus" ist das Nomen; „Diener" Qualificativ. — So auch in der Apostelgeschichte (2. 30) „Ein Profet war er nämlich"; „Ein Profet" ist Qualificativ; „war er" (ܗܘܐ) ist das Pronomen, welches auf David hinweist, so dass es soviel wird wie: „Ein Profet war nämlich David". — In einer Erzählung [1]) (d. i. Darstellung) stehen gemäss der Länge oder Kürze der Gedanken im Satz viel oder wenig Accente, sowohl was die Sätze als was die Satzglieder anbelangt. Und bald lesen wir mit ʿElâjâ, bald mit Taḥtâjâ [und bald mit Zaugâ] [2]) Pâsûqâ aber tritt regelmässig hinzu zu diesen drei Interpunctionszeichen, welche in den Sätzen und Satzgliedern gemäss dem beabsichtigten [3]) Sinne angewandt sind. Unter den Interpunctionszeichen (eig. Bewegungen) sind hier nicht diejenigen zu verstehen, welche zu Nominibus und Verbis treten (d. i. Vocale) sondern die, welche sowohl zu Sätzen als auch zu Satzgliedern (d. i. Accente). In der griechischen und arabischen Sprache treten übrigens jene Bewegungen nur zu den Nominibus; in der arabischen freilich auch zu Verbis. [4])

Der Modus fügt sich an wie das Qualificativ; wenn er dem Nomen und Prädikat vorangeht, so wird der Satz mit Pâsûqâ gelesen z. B. (Act 18, 26) „Und auf reichliche Weise zeigte er den Weg des Herrn"; wenn man „zeigte" vorangesetzt hätte, so hiesse es: „Er zeigte den Weg des Herrn auf reich-

1) Nach ܒܬܫܥܝ̈ܬܐ wird ܥܘ ausgefallen sein.

2) H. nach Bar Zuʿbî.

3) ܕܪܫܡܐ H. — Bei der Texteslesart ܕܢܫܡܐ habe ich an folgende Stelle des Dionysius Thrax (Bekker 758) gedacht: *μέση δὲ [στιγμή] σημεῖον πνεύματος ἕνεκεν παραλαμβανόμενον* und der Scholiast *τὴν μέσην στιγμήν φησιν εἶναι σύμβολον τιθέμενον ἕνεκεν τοῦ ἀναπνεῦσαι ἡμᾶς.*

4) Elias meint, er rede nicht von dem, was die Araber حركات nennen, d. h. den إعراب im Nomen und Imperfectum; bei den Griechen die Casusrection, sondern von ܙܘ̈ܥܐ ܡܠܬܢܝ̈ܐ als Satz- und Wortbetonung (Accente) H.

liche Weisse“ ohne Pâsûqâ. — Und in der Apostelgeschichte lesen wir (10, 29) „Darum bin ich bereitwilliger Weise gekommen, als ihr nach mir schicktet“; anders: „Als ihr nach mir schicket, bin ich bereitwilliger Weise gekommen“. Weiter (Act. 16, 23) „Und befahl dem Gefängnisswärter, dass er sie bewache sorgfältig“; anders: „Und befahl dem Gefängnisswärter, dass er sie sorgfältig bewache“. — Und beim Apostel: (2 Cor. 11, 1) „Wollte Gott ihr liesset mich ein wenig reden thörichter Weise“; ander: „Wollte Gott ihr liesset mich thörichter Weise ein wenig reden“.

Zum selben Capitel gehörig: auf eine andere Weise (d. i. um die Sache auf andere Weise deutlich zu machen). — Giebt's [1]) Beispiele für Nomina, Qualificative, Modi und Enuntiative? Antwort. Nomina sind folgende: Mann, Pferd, Mensch; Qualificative: recht, gerecht, ausgezeichnet, gut, böse, weise, thöricht, wahr, lügnerisch; Qualificativ des Qualificativ: ein Mann ein wahrer Zeuge; Modus d. i. Qualität: auf rechte Weise, auf gerechte Weise, mit Recht, mit Wahrheit; Enuntiativ aber: sprach, that, war, schrieb. —

Cap. XIV. Giebt es im Syrischen Etwas, das dem Redeganzen gleicht, das die Araber Gumle nennen? Ja wohl, nämlich das was die Syrer Pethgâmâ nennen; die Logiker [2]) aber Satz, andere Syrer vollkommene Rede; [3]) und zwar sind das Nomina und Verba, welche mit einander verflochten sind [4]) z. B. „Jesus sagte zu seinen Jüngern“; „der Herr sprach zu Moses“. Man muss nun wissen, dass sich der Gedanke entweder aus einem Gliede ergiebt z. B. (Heb. 1, 1): „Zu mancherlei Zeit und auf mancherlei Weise redete Gott mit unseren Vätern“; oder aus mehren Gliedern z. B. (Luc. 1, 1): „Nachdem es Viele unternommen haben, die Erzählung der Thatsachen zu schreiben,

---

1) Ms. ܐܝܬܐ.

2) Die im Text vorgenommene Correctur ist unnöthig: es ist nur ܡܠܝ̈ܠܐ mit Pluralzeichen und umgestelltem Punkt zu lesen. H.

3) *τέλειος λόγος* Bekker 836.

4) *ταῦτα γὰρ [τό γε ὄνομα καὶ τὸ ῥῆμα] ἀλλήλοις συμπλακέντα τέλειον λόγον καὶ ἀντελλιπῆ ἀπεργάζεται* Bekker 844.

mit denen wir bekannt sind, wie es uns diejenigen überliefert haben, die von Anfang an Augenzeugen und Diener des Wortes waren, habe auch ich es für gut angesehen, dir Alles geordnet zu schreiben, bester Teophilus, auf dass du die Wahrheit der Worte erfahrest, in welchen du unterrichtet bist".

Cap. XV. Wie werden die Verba im Imperativ plur. mit dem Pronomen (suffixum) der dritten Person masc. ausgesprochen, und warum stimmen die jacobitischen Syrer hierin nicht (mit uns) überein? Man muss wissen, dass es bei der Bildung der Imperativformen nöthig ist, die Induction anzuwenden, d. h. in erläuternder Weise, damit wir das Thema der Antwort deutlich machen. Merke also, der Imperativ hat (wenn die Suffixe hinzutreten) nach seiner Aussprache viele Formen 1) ܕܘܢ (richte); steht das Verbum im Plural, so sagt man ܕܘܢܘ: mit (dem Pronomen) der dritten Person masc. ܕܘܢܘܗܝ oder ܕܘܢܘܢܝܗܝ. — 2) ܒܙ (plündere) ܒܙܘ .. ܒܙܘܗܝ . ܒܙܘܢܝܗܝ 3) ܐܝܬܐ (bringe), ܐܗܦܟ (wende) ܐܝܬܐܘܗܝ .. ܐܗܦܟܘܗܝ .. ܐܝܬܐܘܢܝܗܝ .. ܐܗܦܟܘܢܝܗܝ .. 4) ܐܪܓܙ (erzürne) dieses Weib; ܐܫܡܥ (lass hören), ܐܪܚܡ (lass lieben); im Plural ܐܪܓܙܘ .. ܐܪܓܙܘܗܝ .. ܐܫܡܥܘܗܝ... diese Formen lauten im Präteritum und Imperativ gleich. Irren die (östlichen) Syrer, wenn sie die Formen ܐܪܓܙܘܗܝ oder ܐܫܡܥܘܗܝ (in beiden Bedeutungen) gebrauchen? (Nein, nur wenn man imperativisch spricht und den Imperativ ausdrücklich vom Praeteritum unterscheiden will, muss man sagen ܐܪܓܙܘܢܝܗܝ .. ܐܫܡܥܘܢܝܗܝ .. ܐܪܚܡܘܢܝܗܝ. 5) ܩܕܫ (heilige), ܒܪܟ (segne); ܩܕܫܘ .. ܒܪܟܘ .. ܩܕܫܘܗܝ .. ܫܒܚܘܗܝ (preiset ihn). ܪܘܪܒܘܗܝ (erhöhet ihn): Imperativ und Praeteritum lauten gleich. So lesen wir in der heil. Schrift: ܫܒܚܘܗܝ (lobet ihn) und spielet ihm. Es sollte jedoch (wenn man genau sprechen wollte) heissen ܫܒܚܘܢܝܗܝ und ܒܪܟܘܢܝܗܝ und ܩܕܫܘܢܝܗܝ sind eigentliche Imperativformen. — 6) ܪܘܪܒ (erhöhe), ܐܕܚܠ (erschrecke): ܪܘܪܒܘܗܝ .. ܐܕܚܠܘܗܝ .. im Imperativ und Praeteritum gleichlautend. Will man sie jedoch unterscheiden, so sagt man: ܪܘܪܒܘܢܝܗܝ .. ܐܕܚܠܘܢܝܗܝ. denn dies sind die eigentlichen

Imperativformen. — 7) ܐܶܡܰܪ (sprich), ܦܪܘܿܩ (rette), ܥܒܶܕ (thue), ܪܚܰܡ (liebe), ܛܥܰܡ (schmecke), ܫܩܘܿܠ (trage), ܫܒܘܿܩ (lass), ܙܒܶܢ (kaufe). Diese werden alle in gleicher Weise mit (dem Pronomen suff.) der dritten Person verbunden: ܦܪܘܩܝܗܝ .. ܥܒܕܝܗܝ .. ܐܡܪܝܗܝ .. ܫܒܩܝܗܝ .. ܙܒܢܝܗܝ: und wieder ܐܡܪܘܢܝܗܝ auf diese Weise muss Nún angefügt [1]) werden: ܫܒܩܘܢܝܗܝ .. ܙܒܢܘܢܝܗܝ .. ܥܒܕܘܢܝܗܝ .. — 8) ܛܰܢܦܳܐ (besudele), ܒܰܝܳܐ (tröste): ܛܢܦܝ .. ܒܝܝ .. ܛܢܦܝܗܝ .. ܒܝܝܗܝ .. und wieder muss man sagen ܛܢܦܝܘܢܝܗܝ .. ܒܝܝܘܢܝܗܝ denn jene ersten Formen sind im Praeteritum und Imperativ gleich. — Ein Lehrer [2]) las so: ܛܰܢܦܳܝܗܝ, damit die Form vom Praeteritum ܛܰܢܦܺܝܗܝ unterschieden sei; er müsste demnach auch lesen ܒܰܝܳܝܗܝ, allein beim Profeten Jesaias (40, 1) lesen wir die Imperativform ܒܰܝܰܘܗܝ 9) ܚܙܝ (sieh), ܚܕܝ (freue dich), ܩܢܝ (erwirb), ܩܪܝ (rufe). ܚܙܝ .. ܚܕܝ .. ܩܢܝ .. ܩܪܝ .. ܚܙܝܗܝ .. ܩܢܝܗܝ .. ܩܪܝܗܝ. Diese bezeichnen gleichmässig Imperativ und Perfectum; eigentlich aber kömmt dem Imperativ diese Form zu: ܩܪܝܘܢܝܗܝ .. ܚܙܝܘܢܝܗܝ ܒܰܝܳܘܢܝܗܝ. — 10) ܐܘܕܝ (bekenne), ܚܘܝ (zeig), ܐܘܕܝ .. ܚܘܝ .. ܐܘܕܝܗܝ .. ܚܘܝܗܝ; dies sind besondere Formen für für den Imperativ, auch zu ihnen füge Nun hinzu und sag ܚܘܝܘܢܝܗܝ .. ܐܘܕܝܘܢܝܗܝ. — Auch bei dem Pronomen suff.) der dritten Person fem. gilt ganz dieselbe Regel z. B. ܕܒܪܝܗ .. ܕܒܪܝܢܗ u. s. w. Diejenigen Formen, welche im Mascul. beim Perf. und Imperat. gleich sind, die sind es ebenso im Femin.. und bei denen, welche sich nicht gleichen, ist es dasselbe. und Nún kann zur Unterscheidung zwischen Perfect und Imperat. hinzugefügt werden.

Der Leser thut gut zu bemerken, dass dieses Nún zu diesen Verben hinzugefügt ist, nämlich wie in der Form

1) Lies ܕܢܛܪܘܢ vgl. ܣܠܝܒ 6.

2) Ueber die Maqerjâne vgl. Martin, histoire de la ponctuation, Paris 1875.

ܩܪܐܘܗܝ.. In der Schrift finden wir die Form ܐܚܘܕܘܗܝ (fasset ihn), anderseits im Evangelium ܐܚܘܕܘܗ. Wir haben ja nämlich vorhin gesagt, dass das Verbum (eigentlich) so lautet ܐܚܘܕܝ .. ܫܡܘܥܝ .. ܩܘܡܝ .. ܚܙܝ .. ܬܐܝ .. ܟܬܘܒܝ. Wie nun oben auseinander gesetzt ist, dass bei (diesen eben genannten Formen) das Nûn wegen der Schwere und Länge abgeworfen ist, so ist es auch von den in diesem Capitel behandelten Formen fortgenommen; damit das Verbum nicht zu lang sei, haben die syrischen Grammatiker anheimgegeben, aus dem Gewebe des Satzes und aus dem was vorhergeht und was folgt zu erkennen, ob das Verbum das Praeteritum bezeichne oder Imperativ sei.

Cap. XVI. Auf wie viele Arten verbinden sich die Bindeglieder oder Casus oder Fälle, nämlich Bêth. Dâlath. Lâmadh in der syrischen Sprache mit den Nominibus und in wie viel Bedeutungen sind sie möglich? Bêth in 14 Bedeutungen. Ort: Moses in Aegypten. Gefäss: Wein im Becher. Zeit: Hiram lebte zur Zeit Davids. Das Ganze: die Hand ist am Körper. Die Theile: der Körper besteht aus Gliedern. Das Genus: Mensch und Pferd gehören zu den lebenden Wesen. Species: lebendes Wesen ist am Menschen. Der Thäter: der Sessel wird vom Tischler gemacht. Gestalt oder Bild: der Sessel ist nach seinem Bilde (gemacht). Zweck: der Sessel dient zum Sitzen. Typus: Nach den Gedanken [1]) des Tischlers ist der Sessel (gemacht). Werkzeug: durch ein Organon d. i. Werkzeug wird der Sessel gemacht; oder: durch das Schwert wird der Frevler getödtet. Materie: aus Materie wird die Gestalt oder das Bild. Das Subject: am Subject [2]) ist das Accidens z. B. am Haar ist Schwärze: [3]) oder: am Meer haftet das Salzigsein.

Dâlath bezeichnet den Besitz in allen möglichen Beziehungen und wird für die Statusconstructusverbindung [4]) ge-

1) Dâlath zu streichen. H.

2) Wieder ܕܣܘܡܟܐ H.

3) ܐܘܟܡܘܬܐ H.

4) ܒܣܡܝܟܘܬܐ H.

braucht z. B. ܕܒܝܬ ܐܠܗܐ.... (.... des Gotteshauses) ܫܒܛܐ ܕܝܣܪܝܠ (der Stamm Israel). ܡܪܐ ܕܥܒܕܐ (der Herr des Knechtes) ܡܠܦܢܐ ܕܬܠܡܝܕܐ (der Lehrer des Schülers): die Frau ist ܕܓܒܪܐ (des Mannes).

Lâmadh zeigt das Leiden an; Ort: Jesus kam ܠܒܝܬܐ (in das Haus).[1] Zeit: Jesus kommt ܠܡܚܪ (morgen). Die Begleitung: Balak führte ܠܒܠܥܡ (den Bileam) (Num. 22, 41). [Die Ursache] ܠܗܕܐ zum Verfluchen meiner Feinde habe ich dich gerufen (ibid. 23, 11) d. i. aus diesem Grunde. Bisweilen wird das Lâmadh auch anstatt ܠܘܬ gebraucht z. B. ܘܫܕܪ ܠܒܠܥܡ ܘܠܪܘܪܒܢܐ ܕܥܡܗ (und er schickte zu Bileam und den Grossen die bei ihm) d. i. ܠܘܬܗܘܢ. — Auch anstatt eines Dâlath kommt es vor z. B.: sie suchten ܠܡܐܚܕܗ (sie zu fassen), wofür man auch gut sagen kann ܕܢܐܚܕܘܢܗ.. Zu Verben aber tritt es Dâlath) und wird ein Adjectivum d. i. ein Participium z. B. ܕܥܒܕ[2] (ein thätiger). Bêth und Lâmadh treten, wenn Dâlath da ist, zu den Verben, z. B. ܠܕܥܒܕ (dem thätigen) ܒܕܥܒܕ (durch den thätigen) ܕܗܘܐ (der gewesene); ܠܕܗܘܐ (dem gewesenen): ܕܢܗܘܐ (der sein werdende). ܠܕܢܗܘܐ (dem sein werdenden), ܒܕܢܗܘܐ (durch den sein werdenden). — Der Grieche[3]) nennt den Casus Dâlath: Genetiv z. B.: des Mannes; Bêth: Dativ z. B. durch den Mann; Lâmadh: Accusativ z. B. den Mann. Der Vocativ wird (im Syrischen) auf zwei Arten gebildet, aber nicht durch einen Buchstaben (wie b d l) sondern durch ein Glied, welches Adverb genannt wird, nämlich ܐܘ ܓܒܪܐ (o Mann). Im Griechischen wird er durch einen Buchstahen, eine Vocalveränderung des Nomens gebildet. — Zweitens wird er im Syrischen ohne Buchstaben (ܐܘ) gebildet z. B. Abraham! Moses!

Der Accent, welchen wir zum Nomen setzen ist Taḥtâjâ oder Sâmkâ z. B. Herr erhöre mein Flehen s. den Text).

---

1) Ort und Zeit als Patiens.

2) Nach Correctur H.

3) Nach Correctur H.

ܓܒܪܐ. ܬܐ ܠܘܬܝ (o Mann. komm zu mir). — Weshalb stellt Aristoteles vier Casus auf, die griechischen Grammatiker aber fünf? [1]) Aristoteles Ansicht kommt der Wahrheit näher als die der griechischen Grammatiker: denn wie im Arabischen die Nomina drei Vocale haben; wenn aber keine Vocalbewegung zum Nomen tritt, sie es ruhend nennen, so ist es auch im Griechischen. Z. B. ܓܒܪܐ nennen sie geraden Casus, [2]) weil kein Bindeglied hinzugetreten ist, in Wahrheit aber, weil keine Vocalveränderung da ist. Wenn also kein Casus und Fall [3]) am Nomen ist, wie im Syrischen Bêth oder Lâmadh oder Dâlath, so sagen wir nicht, es habe einen „Fall" erhalten; und auch wenn wir kein Sâmkâ oder ʻElâjâ oder Taḥtâjâ oder Zaugâ setzen, so sagen wir nicht, es habe einen Casus oder eine Bewegung angenommen. Und wenn nicht, so würde folgen, dass es gleich sei, ob ein Nomen bewegt oder nicht bewegt wäre; das aber wäre unschön. —

Cap. XVII. Hat das Syrische eine Regel über Bewegung und Ruhe der Consonanten, wie die Araber sagen, dass bisweilen zwei Consonanten in ihren Worten bewegt sind (d. h. zwei vocalisirte Consonanten können schon ein Wort bilden), während zwei Consonanten (hinter einander) nicht ruhen, d. h. vocallos sein können? Antwort. Wisse, in der syrischen Sprache sind drei Vocale möglich, d. h. drei Consonanten können hinter einander mit einem Vocal ausgesprochen werden z. B. ܩܛܠܬܝܢ u. s. w. Von zwei Consonanten dagegen (scl. wenn nur so viele ein Wort ausmachen) kann unmöglich jeder mit Vocal gesprochen werden, wie auch nicht drei im Arabischen. [4])

---

1) Vgl. Steinthal 621. 260. 295 (Aristoteles zählt den Nominativ nicht als Casus).

2) *ὀρθή* oder *εὐθεῖα πτῶσις* im Gegensatz zu den *πλάγιαι*.

3) Statt ܡܠܠܘܢܘܬܐ lies ܡܫܬܠܡܢܘܬܐ H.

4) Selbst wenn Elias an Vulgärarabisch denkt (H.) تَقَتَّلْ, trifft diese Regel nicht immer zu. Vielleicht sollte ܕܢܩܛܠܝܢ zweimal geschrieben sein (und ܢܩܛܠܝܢ für ܢܩܛܠ stehen).

Ruhen dagegen können zwei, z. B. ܚܘ̈ܪܐ (Löcher) u. s. w. (s. vorn). Ḥêth und Rêš, Qûf und Bêth, Pê und Rêš, Qûf und Ṭêth, Ṭêth und Lâmadh ruhen in den angeführten Worten. Ein Buchstabe aber der für sich allein ruht, kommt z. B. in ܐ̱ܢܫܐ und ܗܘܐ vor. (In ܐܢܫܐ ist) Alaf bewegt, Jûd vocalloser Buchstabe; ebenso ist (in dem Worte ܗܘܐ) das Hê vocalloser Buchstabe, das Vau bewegt. Wenn aber Jemand sagen sollte, dass zwischen diesen drei bewegten Consonanten ein anderer, ruhender sei, nämlich in den Beispielen ܩܪܶܒܬܘܢ u. s. w., und zwar ein Alaf, so antworten wir, dass dies nicht möglich ist, denn dann gälte in der arabischen Sprache dasselbe von den bewegten Buchstaben.[1]) Vielmehr muss man wissen, dass, wenn ein Buchstabe wie Qûf mit Pthâḥâ ausgesprochen wird, dieses Pthâḥâ ein halbes Alaf ist. — Und wenn ferner Jemand behaupten sollte, dass auch zwischen den zwei ruhenden Consonanten, die ihr da aufgestellt habt, ein verstohlener Vocal stecke, so folgt das nicht, denn alle östlichen Syrer stimmen darin überein, dass kein Vocal zwischen den Buchstaben Ḥêth und Rêš des Wortes ܚܘ̈ܪܐ ist. [Der Edessener?][2]) stellt die Behauptung auf, dass die Vocalbewegung [am Rêš] und nicht am Vau hafte. Wenn dass der Fall wäre, so dürften die Syrer nicht Vau für einen leichten (d. i. kurzen Vocal) sondern nur für einen schweren und gedehnten Laut schreiben, analog den Arabern. Z. B. ܚܙܝܬ ܠܐ ܩܘܡ ܚܘܪ — denn diese Laute sind leichte (d. i. kurze wie قُمْ u. s. w.) — würden wir so ܩܘܡ ܚܘܪ (qum, ḥur) schreiben und würden Qûf und Ḥêth durch diakritische Zeichen (wie Ḍamma im Arab.) auszeichnen und vocalisiren. — Und ferner, wenn der Edessener (in seiner Vocalisation ܘ݂ ܘ݁) die Vocallosigkeit zweier Consonanten meidet

---

1) Elias nimmt überall die arabische Orthographie zum Maasstabe: er meint, wenn in dem Worte ܩܪܒܬܘܢ nach q, r und b noch ein Ḥarf (Alaf) vorhanden wäre (ܩܐܪܐܒܐܬܘܢ), so müsste man z. B. auch im Arab. قاتالا = قَتَلَ schreiben.

2 H.

so gilt hiervon ganz dasselbe was eben bemerkt ist, so dass, wenn er ein Vocalzeichen, d. h. Ḥbhâṣâ [1]) (ܘ̈) setzt, bestehen bleibt, dass ܣܘܡܐ, ܕܘܢ, ܚܘܒ dann nur zwei Consonanten sind.[2]) Wir dagegen halten das Vau [und Jûd] für eine (selbständige) Vocalität in ܡܘܬܐ u. s, w., denn diese Buchstaben sind selbst vocalische Buchstaben oder halbvocalische, d. i. solche, welche eine Vocalbewegung in der syrischen, arabischen und griechischen Sprache herstellen, nämlich die Vocalbewegung ܘ und ܝ. — Uebrigens ist grösstentheils in der aramäischen Sprache ein Consonant bewegt, während der zweite ruhender Consonant ist oder umgekehrt z. B. ܡܘܬ u. s. w. — Vau und Jûd sind schwer (d. i. lange Vocale) in folgenden Beispielen: ܢܣܝܡܘܢ.. ܢܣܝܡܝܢ u. s. w., nämlich diese Vau und Jûd sind durch die dem Schluss-Nûn der Verben vorhergehenden Betonungen ?) schwer (d. h. lang). Nur diese Art von Vau und Jûd müsste der Edessener bei seiner Auffassung der Sache in der Consonantenschrift ausdrücken, in Uebereinstimmung mit den Arabern, nicht aber jedes Vau und Jûd. [3]) — Ferner in Formen wie ܡܘܬܐ u. s. w. hätte man das Vau für bewegt ansehen sollen und nicht den ihm vorhergehenden Buchstaben. Es scheint freilich dem Hörer, dass die Buchstaben, welche vor diesem Vau und Jûd stehen bewegt sind wegen des Zusammenschlusses der Silben oder Laute [4]) und der Aneinanderreihung der Buchstaben in der Sprache. Nichtsdestoweniger, was richtiger ist: weil [5]) jene Buchstaben (Vau und Jûd) Vocalbuchstaben sind, haben die Syrer ihnen eine (selbstänge) Vocalbewegung zuertheilt.

---

1) Vau ḥbhâṣâ vgl. Cap. 24.

2. D. h. nur mit zwei Buchstaben (ܣܡ) geschrieben werden sollten.

3) Er dürfte nur dann ܘ und ܝ schreiben, wenn die entsprechenden arabischen Formen, welche wie bemerkt, für Elias den Maasstab abgeben ein langes u oder i haben.

4) ܡܫܠܐ = وَزْن passt hier nicht; lies ܥܕܥܕܐ.

5) [Syriac].

Wenn aber Jemand behaupten sollte, demnach wären in den Worten ܠܚܡܐ .. ܚܡܪܐ .. ܥܕܫܐ nicht Hê, Dâlath und Schîn bewegt, sondern Alaf, während ihr doch bestimmt behauptet, dass Alaf ruhe, so antworten wir, dass Alaf als Vocalbuchstabe ganz allgemein den andern Buchstaben den Vocallaut verliehen hat, und weil es den übrigen, nämlich Vau und Jûd (in dieser Beziehung) vorangeht, so sind auch diese vocalisch (d. h. sie heissen so nach dem Beispiele des Alaf). Darum darf man aber (bei ܘ und ܝ) nicht den Vocallaut mit den andern (Consonanten ausser ܘ ܝ ܐ, als diesen inhärirend) als vereinigt ansehen, und es wäre (wenn man dies thun wollte) unfolgerichtig, wie bereits gesagt, ܘ und ܝ anders zu schreiben als ܐ in ܢܥܒܕ .. ܢܣܡܟ.. u. s. w.. denn alle diese Consonanten sind bewegt und ist doch kein Alaf da (also müsste man, wenn man z. B. in ܩܿܡ das ܘ— zu ܩ rechnet, auch ܩܘܡ schreiben). — Wenn [1]) also in den erwähnten [2]) Wörtern Vau und Jûd nicht bewegt wären, so sollte man sie aus der Schrift entfernen, so wie man kein ܐ in ܩܿܡ und ܩܝܼܣ schreibt d. h. nicht ܩܐܡ und ܩܐܝܣ), und zwar jedesmal wenn ܘ und ܝ (im Arabischen) leicht d. i. kurz) sind. Allein dies thut kein einziger Syrer. Mithin gehört die Vocalität zu ܘ und ܝ und nicht zu den übrigen (diesen vorhergehenden) Consonanten, wenn diese mit Ḥbhâṣâ oder Rwâḥâ ausgesprochen werden. Dagegen werden das ܗ und ܪ in ܠܚܡܐ und ܚܡܪܐ bewegt und nicht das Alaf, wie Zqâfâ, Pthâḥâ, Rbhâṣâ in ܥܘܪܢܐ .. ܥܘܪܕܐ .. ܫܒܠܬܐ ohne Alaf (der Vocal zu ܥ .. ܥ .. ܫ ist). Diese Vocale sind ein halbes Alaf. Die (Ost)Syrer urtheilen also richtiger als die Edessener. Und auch die Araber handeln regelrecht und halten sich an die Wahrheit in ihrer Sprache, da sie, wenn sie das Alaf bisweilen weglassen, ebenso Vau und Jûd (behandeln), und sofern sie die über den Consonanten stehenden Bewegungen halbe Alaf, Vau und Jûd nennen. —

---

1) Statt des von mir gestrichenen Alaf ist vielmehr ܝ zu lesen H. Uebrigens bemerke ich, dass H. dies Cap. anders auffasst als ich.

2) ܕܐܬܡܠܠܘ H.

Der Araber nennt die Vocalbuchstaben ܝ . ܘ . ܐ kranke Buchstaben, nämlich weil sie Nichts für die lautbare Aussprache der Nomina und Verba leisten, obgleich sie in ihnen vorkommen, wie die übrigen es thun. Sie hätten, wie mir scheint (umgekehrt), alle Buchstaben ausser ܝ . ܘ . ܐ kranke [nennen sollen][1], weil zwar die Stimme sie erschallen lässt, sie aber nur vermittelst einer Vocalbewegung gehört werden, welche von den Vocalbuchstaben herkommt;[2]) also sind diese gesund.

Cap. XVIII. Warum ist die Grammatik in der griechischen und arabischen Sprache nach allen Seiten hin ausgebaut, während sie in der syrischen nur kurz und beschnitten ist? Wir haben ja gesagt, dass Nomina und Verba in der syrischen Sprache feststehend und indeclinabel seien und keine Veränderung der Vocale annehmen, auch keinen grammatischen Einfluss erleiden von den Conjunctionen und zeitlichen und örtlichen Adverbien: dass ferner die Verba die Nomina nicht grammatisch beeinflussen, auch nicht ein Nomen das andere; dass auch die Ruf-Bedingungs- oder Vergleichungsconjunctionen auf Nomina oder Verba keinen grammatischen Einfluss ausüben, sondern ihnen nur einen bestimmten Sinn geben und zuertheilen, ohne dass die Vocale der Nomina und Verba geändert würden, wie es im Arabischen der Fall ist, wo dies Alles bestimmten Regeln unterworfen ist; dass endlich auch die fünf Flexionen oder Casus oder Fälle, welche die griechische Sprache verwendet, nicht vorhanden sind. — Bewegungen (d. i. Veränderungen der Worte) giebt es freilich in der syrischen Sprache, aber an den ersten[3]) Buchstaben (der Wörter), wie wir oben auseinandergesetzt haben (vgl. Cap. XVI).

Ein anderer Grund, weshalb die Grammatik im Syrischen beschränkt ist, ist der, dass Jeder von ihnen (den syrischen

---

1) Diese Ergänzung ist nothwendig.

2) Vgl. Dionysius Thrax bei Bekker 796 *Φωνήεντα δὲ λέγεται ὅτι φωνὴν ἀφ' ἑαυτῶν ἀποτελεῖ.* Schol. *Ἆρα τὰ σύμφωνα φωνὴν οὐκ ἔχουσι; Λεκτέον μέν, ὅτι ἔχουσιν φωνὴν κἀκεῖνα, ἀλλ' ἐκτὸς τούτων ἐκφωνηθῆναι οὐ δύνανται.*

3) ܒܒܘܠܪ̈ܐ H.

Grammatikern) Etwas behandelte, das Uebrige aber unerwähnt liess: wenn dies Alles zu einem Gewebe vereinigt würde, so würde die Grammatik oder Sprachverbesserung im Syrischen an Ausdehnung gewinnen. Jacob von Edessa nämlich und Andere haben nur die Theile der Rede behandelt und das was mit ihnen vorgeht, und haben über die Paradigmata gesprochen. Ḥunein bar Isḥâk [1]) aber über die Prädikate und über Vordersatz und Nachsatz. [2]) Josef Ḥuzâjâ [3]) aber und Râmišu' [4]) und die anderen östlichen Syrer über die Interpunction nach den verschiedenen Bedeutungen, und sämmtliche Theile derselben. Und in den östlichen Schulen überkommt man sie durch die Ueberlieferung und vererbt sie von einem Geschlecht zum anderen, nämlich Zaugâ, 'Elâjâ, Methkašfânâ und 'Esjânâ. Ferner (haben sie gesprochen) über die Regeln der Verba und ihre Flexion; über die (Regeln) der Nomina, welche Wurzeln sind; über die Consonanten, welche ohne Hinderniss (für das Verständniss) verkürzt (d. i. nicht ausgesprochen) werden und die, deren erste (vorausgehende) nicht verkürzt werden. Es ist deutlich, dass wenn dies Alles zu einem Gewebe angeordnet würde, die Grammatik im Syrischen eine ausgedehnte Kunst wäre. Und wenn dies nicht so wäre, wie hätte man die Absicht der Anfangsschriften [5]) verstehen sollen, nicht (allein) der heiligen, sondern auch der logischen und medicinischen?

Cap. XIX. Giebt das Qualificativ oder der Modus ohne Prädicat oder Verbum, welches auf die Zeit hinweist und das Ziel (der Aussage) vollständig macht einen Sinn? Auf keine Weise. Denn wenn auch die Wirksamkeit des Verbi nicht

---

1) Ueber den berühmten Arzt und Grammatiker Ḥunein († 876 p. Chr.) vgl Assemânî B. O. III II 164. Bar Hebräus Chronic. eccl. III 198. Grosse Gramm. p. 171. – Kleine Gramm. 5, 77 (ed. Martin) und Hammer-Purgstall in der Literaturgeschichte der Araber.

2) Lies [illegible] und [illegible] H. Vgl. Amira Gramm. Syr. 476 und de Sacy Gramm. arabe. II 78 al.

3) Vgl. Wright Catalogue 107 c. 2.

4) Vgl. ibid. 105 c. 2.

5) Nach Correctur [illegible] H.

äusserlich sichtbar ist, so ist sie doch virtuel und dem Sinne nach vorhanden. Wenn wir also sagen: „Moses herrlich“ und „Elias recht“, so hat man Nichts gewonnen; man muss also ergänzen: „Moses redete herrlich“ und „Elias zeigte recht“. Und wenn wir sagen ܢܒܝܐ ܡܘܫܐ (Moses — Profet, und ܐܠܝܐ ܟܗܢܐ (Elias — Priester) ohne zu ergänzen ܟܗܢ und ܢܒܐ (war als Priester, als Profet thätig so wird kein Sinn erreicht. Wenn also die Uebersetzer in den Psalmen (97, 11) lasen: „Das Licht welches leuchtete den Gerechten“ so ist das Verb „welches leuchtete“ wegen des hinzugetretenen Bindegliedes (Relativum) ein Qualificativ geworden d. i. leuchtendes Licht; demnach hat das Bindeglied den Sinn entstellt und aus dem Satz ergiebt sich kein Gedanke; der Satz muss also heissen: „Das Licht leuchtete den Gerechten“, wie auch Mâr Efraem hat. Mâr Narsi [1]) hat den Nachsatz hinzugefügt und beigegeben: „Das Licht vom Leuchten Christi erfreute Erde und Himmel“. Merke jedoch, dass wenn das Qualificativ einem Verbum nachfolgt oder vorhergeht Nichts fehlt z. B. „Männer haben bezeugt (und zwar) wahre“; und ebenso „wahre [2]) Männer haben bezeugt“. — Qualificativ von Qualificativen (ist in folgenden Beispielen enthalten): „Männer, wahre Zeugen“; „gerechte syrische Männer“; „syrische ausgezeichnete Männer“. — Es kommt auch vor, dass sich im Nomen selbst Qualificative verbergen z. B. „Ausgezeichnete, gerechte, erhabene Männer“; „ein Mann (der Profet und Priester und König (ist)“. Das Qualificativ welches zum ersten (Wort) hinzutritt, ist im Verhältniss zum zweiten (Qualificativ) Nomen, der Inhalt (dieses zweiten Qualificativ) erstreckt sich jedoch auch auf das erste Nomen, nämlich (in dem obigen Beispiele auf) „Mann“.

Virtuel ist das Verbum vorhanden in Sätzen wie ܡܘܫܐ ܢܒܝܐ d. i. (Moses) „ist“ (Profet). Ebenso ist ein Sinn vorhanden, wenn das Verbum dem Nomen und dem Qualificativ vorangeht z. B.: „Bezeugt haben wahre Männer“; „geredet

1) Ueber Narses, Gründer der nestorianischen Schule zu Nisibis († 496) vgl. B. O. II 407. III I 63 ff.

2) Nach nothwendiger Ergänzung.

haben gerechte Männer“. „Priesterdienste haben gethan ausgezeichnete Männer“: „profezeit hat ein erhabener Mann“.

Cap. XX. Warum gebrauchen wir wenn ein Femininum und ein Masculinum in einem Worte zusammengefasst [1]) sind den Plural als Masculinum? Weil das Masc. höher steht als das Femininum. Ebenso gebraucht man wegen des höheren Ranges des Masculinum die Verbalform, welche im Praeteritum ein männliches Wesen bezeichnet für das Femininum im Plural z. B. ܥܒܕܘ (für ܥܒ̈ܕܝ die Frauen thaten). Und auch die arabische Sprache gebraucht übereinstimmend bei einer Zusammenfassung von männlichen und weiblichen Nominibus den masculinischen Plural. So heisst es im Evangelium Lucae (20, 35): „Die (ܗܢܘܢ) aber, welche würdig waren (ܕܫܘܘ) jene Welt zu erlangen und die Auferstehung von den Todten“. Das sind Männer und Frauen, denn beide Ordnungen werden auferstehen; und zwar ist der Beweis dafür das, was er hinzugefügt hat: „sie freien nicht“ nämlich die Männer, „und die Frauen lassen sich nicht freien“; mit diesen Worten erläutert er nämlich das vorhergehende Glied. — Merke, jedes Verbum, sei es activisch oder passivisch, welches das Mascul. Singul. bezeichnet, wird auch für das Femininum Plur. gebraucht z. B. (ψ 119, 123) ܥܝ̈ܢܝ ܣܟܝ ܠܦܘܪܩܢܟ (meine Augen harren auf deine Hülfe); ferner (ψ 25, 17) ܐܘܠܨ̈ܢܗ ܕܠܒܝ ܣܓܝ (die Bedrängnisse meines Herzens sind zahlreich); und im Evangelium steht geschrieben (Luc. 8, 2) „Und jene Weiber, die geheilt waren (ܐܬܐܣܝ) von Krankheiten und bösen Geistern“. ܐܬܐܣܝ ist Passiv und nicht Activ. Und in Davids Psalmen lesen wir so (18, 8): ܫܬܐ̈ܣܝ (fem.) ܕܐܪܥܐ ܙܥܘ ܘܐܙܕܥܙܥܘ (die Grundfesten der Erde bebten und zerrissen).

Cap. XXI. Giebt es in der syrischen Sprache wie in der arab. einen Plural des Plurals? Genau genommen nicht; es giebt jedoch im Syrischen einen doppelten Plural z. B. ܓܒܪܐ (Mann),

1) ܡܬܟܢܫܝܢ H.

ܛܠܝ̈ܐ .. ܛܠܝܐ (Knabe). ܛܠܝ̈ܐ .. ܥܠܝܡܐ (Jüngling). ܥܠܝ̈ܡܐ.. Die zweite Art aber ist ܛܠܝ̈ܢ .. ܥܠܝܡ̈ܝܢ .. ܒܝܬܐ (Haus). ܒܬ̈ܝܢ .. ܫܡܐ (Name). ܫܡܗ̈ܝܢ. Ein Plural des Plural aber ist es wenn wir z. B. sagen „viele Schaaren“; „viele Völker“; „grosse Nationen“; denn „Schaar“ und „Volk“ ist gewissermaassen ein Plural, in Wahrheit jedoch ist das Nomen ein Singular, denn wir sagen „eine Schaar“, „ein Volk“; z. B. „sprich Volk und rede“. Wenn wir aber sagen ܐܡܪܝܢ ܥܡܐ so meinen wir die einzelnen Personen: ebenso in ܥܢܘ ܥܡܐ ܘܐܡܪܝܢ nämlich die einzelnen Personen des Volkes und des Haufens huben an und sprachen).

Cap. XXII. Wenn das Zeitwort wie „that“, „sagte“, „war“ vorangeht und wir von mehren Begriffen reden wollen, steht es dann im Singular oder Plural, wie arabische Regel ist (nämlich dass es im Sing. steht) z. B. ܥܒܕ ܛܠܝ̈ܐ u. s. w. Dies geht im Syrischen nicht, nur vermöge des Buchstabens Vau („und“) der die Nomina zusammenfügt und verbindet ist es möglich z. B.: „Es kam Engel und Mensch“, „es kam Gabriel und das Weib“, „es redete der Priester und der Profet“, „es wird ein Priester und Profet geboren werden“. Auch Mann und Frau kann so (verbunden werden), und das hat nichts Befremdliches. — „Es kammen Profeten und Priester“ ebenso, oder „Priester und der Gesandte“. Auch wenn das Verbum nachfolgt kann es im Singular stehen, wenn auch mehre Nomina vorangehen, die durch die Conjunction Vau verbunden sind z. B. „Friede und Barmherzigkeit (Plur.) und Gnade werde euch reichlich zu Theil“; „Friede sei mit euch und Barmherzigkeit“ (Plur.). Wenn es sich aber um mehre Begriffe ein und derselben Art handelt, so steht das Verb im Plural, mag es vorangehen oder folgen z. B.: „Es kamen Männer“; „es thaten die Priester“; „es sprachen die Menschen“; „es kamen die Frauen“; „sie beten an“; „sie hören“ (d. i. man betet an).

Cap. XXIII. Sind die Verbalformen, welche das Femininum im Plural bezeichnen, regelmässig im Praeteritum und Imperativ unterschieden? Diese Regel gilt von den Verbalformen, welche das Masculinum bezeichnen folgendermaassen: ܥܒܕ (er that) perfectisch; imperativisch ܥܒܶܕ (thue). Im Femin. Plur. ܥܒܶܕ ܢܶܫ̈ܐ (es thaten die Frauen), ܥܒܶܕܶܝܢ ܒ̈ܬܘܠܳܬܳܐ (thut ihr Mädchen). In diesen Beispielen sind Perfect- und Imperativformen verschieden, sie gleichen sich aber in Formen wie: „Es heiligte (ܩܰܕܶܫ) der Mann Gott“; „es pries (ܫܰܒܰܚ) Samuel den Herrn“; dies sind die Perfectformen: soll das Verbum imperativisch sein, sagt man ebenso: „o Mann preise (ܫܰܒܰܚ) Christus“; „segne (ܒܰܪܶܟ) den Herrn“. — Die Femininformen im Perfectum aber lauten ܫܰܒܰܚ ܢܶܫ̈ܐ (es priesen die Frauen), ܒܰܪܶܟ ܢܶܫ̈ܐ (es segneten die Frauen), ܩܰܕܶܫ ܒ̈ܬܘܠܳܬܳܐ (es heiligten die Jungfrauen). Andere Formen hierfür sind ܩܰܕܶܫ̈ܝܢ .. ܒܰܪܶܟ̈ܝܢ; (auch) dies sind Perfectformen. Steht das Verb im Imperativ, so heisst es (nur) ܫܰܒܰܚܶܝܢ .. ܩܰܕܶܫܶܝܢ .. ܒܰܪܶܟܶܝܢ. Im Perfectum giebt es zwei Formen, im Imperativ nur eine (näml. für das Fem.).

Cap. XXIV. Ueber die Flexion der Verba; zugleich über die Mannigfaltigkeit(?) der syrischen Sprache. Wisse dass jedes Verbum, welches in der letzten Silbe mit Rbḥâṣâ gelesen wird wenn es im Perfectum steht, im Imperativ verändert wird so dass ein Pthâḥâ dafür eintritt z. B. ܐܶܣܬܡܶܟ (er stützte sich) ܐܶܣܬܰܡܰܟ u. s. w. Diejenigen welche im Perfectum nicht mit Rbhâṣâ gelesen werden, lauten im Imperativ ebenso z. B. ܐܶܬܪܰܚܰܩ u. s. w. Diese Formen werden also (im Perfect und Imperativ) auf gleiche Weise ausgesprochen. Wenn aber Jemand dagegen [1]) solche Stellen anführen sollte, die sich in der heil. Schrift finden, welche diese Regel nicht befolgen, wie im 25. Capitel des Jesaias steht (52, 2) ܐܶܬܢܦܶܨܝ ܡܶܢ ܥܦܪܳܐ (schüttele den Staub ab), oder wie im 11. Cap. der Apostelgeschichte (12, 8) ܐܶܬܥܛܶܦ (hülle dich ein), so möge er wissen, dass dies Imperativformen sind, und wir führen keine andere Lesart ein, weil Alle es uns so überliefert haben. Wir wollen auch noch andere Formen zum Zeugniss anführen ܐܶܬܦܰܪܶܫܘ (rettet euch) im 12. Cap. der Numeri(?) als Imperativ, und in demselben noch

1) Die Lesart des Textes ist richtig vgl. Castle 201 II.

einmal die selbe Form. Ebenso ܐܬܦܢܝ u. s. w. Wenn aber Jemand von der Form ܐܬܥܒܕ den Imperativ ܐܬܥܒܕ bildet und versteht das von der Rettung, so liest er richtig.[1]) Ebenso ܐܬܦܢܝ ܡܢ ܐܘܪܚܐ (kehre zurück vom Wege); ܐܬܟܢܥ ܐܬܦܢܝ (kehre um demüthige dich); ebenso (an einer anderen Stelle?) ܐܬܟܢܥ. — Wenn aber Jemand andere Verbalformen anführen sollte, um diese Regel ungültig zu machen[2]) z. B. ܐܬܦܬܚ (er wurde geöffnet), ܐܬܡܬܚ (er wurde ausgedehnt), ܐܫܬܡܥ (er wurde gehört), ܐܬܛܟܣ (er wurde geordnet), so möge er zunächst wissen, dass diese Buchstaben (ܚܥܪ) nicht wie die übrigen behandelt werden: denn wenn diese Buchstaben am Ende der Verben stehen, so ist es nicht möglich, dass der ihnen vorausgehende Consonant mit Rbhâṣâ versehen werde, denn wir sagen nichts ܐܬܦܬܚ .. ܐܬܡܬܚ .. ܐܬܝܕܥ .. Sodann aber werden sie im Imperativ auch verändert z. B. ܐܬܦܬܚ .. u. s. w.

Ferner beim Verbum, welches mit Zqâfâ gelesen wird, nämlich im Praeteritum (ܩܥܠ), da richtet das was folgenden Formen passirt, nämlich die Bildung ܩܐܠ und ܩܐܠܐ(?) keinen Schaden an(?). Und der Grund ist der, dass Alaf vocalhaltiger ist als Jûd, daher sagen wir nicht ܩܝܠ[3]) sondern ܩܐܠ. Und so oft ܩܥܠ vorkommt (?) und wir Gelegenheit finden zu trennen (durch ܐ) und keine Mühe und Beschwerde vorhanden ist, trennen wir; so oft es aber nicht möglich ist zu trennen, sind wir nicht verhindert(?) ohne dass ein Mangel entstände. ܢܩܒܪ aber und ܢܩܒܪܐ (sagen wir, um anzudeuten, dass die Wurzeln (dieser beiden Verben) nicht gleich sind noch ihre übrigen Formen, wenn sie flectirt werden. ܢܩܘܡ mit Ausstossung des Vau, wegen der Schwere. In Vau ḥbhiṣtâ des Wortes ܢܩܘܡܘܢ ist dagegen keine Schwere und Mühe. — ܒܙܘܙ (plündere), ܒܙܙ

1) Vgl. Hoffmann in d. Z. d. D. M. G. 1878, 761.

2) Nämlich dass die vorhin angeführten und ähnliche Formen in der letzten Silbe den Elaut haben.

3) II.

(besprenge) -- ܩܘܡ (steh). ܚܙܝ (sieh) zum Unterschiede (d. i. diese verschiedene Vocalaussprache hat in den verschieden gearteten Wurzeln jener Verben ihren Grund). — Es kommt auch vor, dass wir das Alaf in Folge einer Art von Elision entfernen nämlich in den Formen ܚܐܫܝܢ (leidende), ܟܐܪܝܢ .. ܕܐܒܝܢ (wofür man also ܚܫܝܢ u. s. w. schreibt). Der Edessener und Ḥunein lassen mit Alaf schreiben ܚܐܫܝܢ u. s. w. Und so liest auch die heil. Schrift;[1]) auch ich (schreibe so), weil dies das Richtige ist und mit der genauen Regel mehr übereinkommt.

Cap. XXV. Warum lesen wir in ܢܝܚܐ (ruhen), ܢܝܚܘܢ u. s. w. die Pluralformen mit Vau rwiḥtâ und nicht mit Vau rbhiṣtâ?[2]) (Aus folgendem Grunde): am Ende aller syrischen Nomina steht der Buchstabe Alaf, und wenn wir irgend ein Nomen zu einem anderen hinzufügen, so ist das (in jenem ersten Nomen vorkommende) Vau ein rwiḥtâ und nicht ein ḥbhiṣtâ. So sagt man ܟܬܒܐ .. ܟܬܒܗܘܢ[3]) u. s. w. Wenn wir nun jene Verben im Plural gebrauchen,[4]) so sprechen wir weil sie durch ihren letzten Buchstaben den Nominibus gleichen den (Vau)Laut ebenfalls vorn (im Munde) aus. Wenn wir dagegen die Formen ܚܕܐ (sich freuend), ܫܪܐ (lösend), ܩܢܐ (erwerbend) im Plural gebrauchen, so verbergen wir [das Alaf] damit das Verb dem Singular gleiche[5]) wie in ܝܡܝܢܢ (wir schwören), ܚܙܝܢܢ wir sehen), ܫܪܝܢܢ (wir lösen). was dasselbe ist als wenn wir sagten ܫܪܐ ܚܢܢ u. s. w. In ܒܪܐ .. ܓܪܐ und

---

1) Lies ܒܪܘܚ ܩܘܕܫܐ.

2) Nach Bar Malkom Cod. Peterm. 9 fol. 38a ist ܪܘܝܚܐ (= Vau rwiḥtâ) ein Vau mit einem Punct oben z. B. ܟܬܒܘܗܝ; dagegen ܪܒܝܨܐ (= Vau rbhiṣtâ) mit einem Punct unten z. B. ܩܘܪܒܐ vgl. weiter Anfang C. XXVII.

3) Das Pronomen suffixum.

4) Ergänze ܐܢܬܘܢ.

5) Nämlich in Formen wie ܚܙܝܢ, in welchen das Alaf ausgefallen ist(?)

ܡܢܘ (er zählte) ist das Vau der Silbe[1] (in der dritten Pers. plur. masc.) vernehmbar, und nicht wie bei den übrigen Verben (stumm). denn wir haben den Vocalbuchstaben Alaf vom Verbum fortgenommen und anstatt dessen den Vocalbuchstaben Vau hinzugefügt, den wir auch lautlich vernehmen lassen,[2] um nicht zwei Glieder vom Verbum fortzunehmen[3] (nämlich Alaf und Zqâfâ.?) Wir versehen es aber mit Zqâfâ ܚܙܘ .. ܚܕܘ, wovon der Singular ܚܙܐ und ܚܕܐ lautete: (dies geschieht) um diese Verben welche auf Alaf ausgehen von den anderen, welche auf die übrigen Buchstaben ausgehen zu unterscheiden. —

Wir lassen übrigens (die Verben in der 3. Pers. Plur. Masc. des Praeter.) auf Vau und nicht auf einen anderen Buchstaben ausgehen aus folgenden Gründen. Erstens: wenn es auch nicht ausgesprochen wird, so können wir es doch jetzt und beständig vernehmbar werden lassen z. B. ܟܬܒܘ .. ܟܬܒܘܢ. u. s. w.: die syrischen Grammatiker haben dies Vau-Nûn fortgelassen wegen seiner Schwere. — Ein zweiter Grund ist der, dass wenn wir irgend Etwas dem Verbum im Plural anhängen das Vau deutlich ausgesprochen wird. z. B. ܟܬܒܘ .. ܟܬܒܘܗܝ u. s. w. Ein dritter Grund ist der, dass wenn bei den Verben, deren letzter Buchstabe Alaf ist, das Vau vernehmbar ist, wir nothwendig auch bei den übrigen durch diesen (Buchstaben) den Plural bilden. — Vierter Grund. Und wie die Syrer den Vocalbuchstaben Alaf jedem Nomen im Singular und Plural gegeben haben, so war es gerecht, dass sie den Vocalbuchstaben Vau den Verben im Plural zuerkannten[4]) — aber am Ende und nicht am Anfange — damit Nomen und Verbum ein sicheres Zeichen hätten, in Folge dessen sie nicht mit anderen (Wortarten) vermischt werden. Alaf (ist zum Nomen gesetzt), weil dies der erste (Buchstabe) ist und das Nomen ausgezeichneter ist als das Verbum, denn ersteres sagt das Sein aus; das

1) H. ܕܡܬܬܢܝܐ.

2) ܐܫܡܥܢܢܗ H.

3) ܠܡܫܩܠ H.

4) ܕܠܘܬܗܘܢ II.

Verbum aber das Handeln des Sein;[1]) demnach hat man das Vau seinem Plural gegeben, denn ursprünglich[2]) ist der Buchstabe Vau nicht am Ende der Verben, welche im Masculinum des Plural Perfecti stehen. — Die Verbalform des Singular Masc. ist gewürdigt worden, auch den Plural des Femininum zu bezeichnen z. B. ܫܡܥܘ ܢܫ̈ܐ (die Frauen hörten); ܡܠܠ ܢܫ̈ܐ ܘܣܓܕ (die Frauen redeten und beteten an); wir gebrauchen[3]) hier kein Jûd, wie andere schreiben, den ܫܡܥܝ sagt man wegen der geringeren Bedeutung des Femininum, und es genügt die Verbalform welche ein Masculinum bezeichnet um den Plural (des Femininum) zu bezeichnen, jedoch gilt diese Regel nur von den Verbalformen des Praeteriti. Aber sie gilt nicht bei den Imperativ- noch Praesens- noch Futurformen; die Praeterita haben aber noch eine eigene Form, ܫܡܥ̈ܝܢ .. ܕܚܠ̈ܝܢ; auf verkürzte Weise aber sagen wir ܫܡܥ̈ .. ܕܚܠ̈. — Verben welche auf Alaf ausgehen, sind nicht dienlich um (in der 3. Pers. Masc. Sing.) auch das Femininum im Plural zu bezeichnen z. B. ܐܬܐ .. ܚܙܐ .. ܡܠܐ; hier sagen wir nicht ܚܙܐ ܢܫ̈ܐ sondern ܐܬ̈ܝ .. ܚܙ̈ܝ oder ܚܙ̈ܝܝܢ .. ܡܠ̈ܝܝܢ. und dies geschieht zum Unterschiede von den andern Verben; wenn wir den Vocalbuchstaben Alaf von ܐܬܐ fortnehmen, so trat (an Stelle dessen) Jûd hinzu, welches ebenfalls Vocalbuchstabe ist oder halber Vocalbuchstabe, so dass es also heisst ܐܬ̈ܝ .. ܚܙ̈ܝ.

Jegliche Perfectform, welche folgendem Paradigma folgt: ܐܘܠܕ (er zeugte), u. s. w., heisst im Imperativ ebenso, aber mit einem Accent[4]) welchen wir auf das Alaf des Wortes ܐܘܠܕ setzen; im Praeteritum aber gebrauchen wir (den Accent) Pâqûdâ nie. Ebenso setzen wir auf einen der Buchstaben von

1) Vgl. Steinthal 592. Hoffmann de Herm. 70.

2) Statt des Zai des Textes ist Dâlath zu lesen. Statt ܦܩܘܕܐ lese ich ܦܩܘܕܐ. H. streicht ܐ und vocalisirt ܦܩܘܕܐ.

3) ܡܫܡܠܝܢ H.

4) = τόνος.

folgenden Formen ܐܬܦܩܕ .. ܐܬܟܬܫ .. ܐܫܬܥܒܕ ein Pâqûdâ um Perfect und Imperativ zu unterscheiden.

Und weshalb lassen wir das Jûd der ersten Person schwinden,[1]) wenn Alaf am Ende des Verbum steht wie in ܚܙܐ .. ܡܠܐ .. ܟܣܐ? Damit diese Verben (in der 3. pers. perf.) von denen unterschieden werden, welche Jûd am Ende haben z. B. ܐܝܬܝܬ (ich habe gebracht), ܐܪܡܝܬ (ich habe geworfen), ܐܛܝܒܬ (ich habe wohl gethan); jene ܚܙܝܬ .. ܛܝܒܬ (der Unterschied zeigt sich also nur in der 3. Pers.); Jûd haben wir hinzugefügt, damit ein Vocalbuchstabe für den (ausgefallenen) Vocalbuchstaben Alaf stehe; denn Schišlâ oder Rbhâṣâ ist (nur) ein halber Laut.

Cap. XXVI. Weswegen wird wenn die Verben mit den vier Consonanten Hê, Ḥêth, ʿAin, Rêš schliessen, der ihnen vorhergehende mit ihnen verbundene Consonant nicht mit Rbhâṣâ d. i. Schišlâ ausgesprochen[2]) z. B. ܥܒܪ (er ging vorüber), ܐܡܪ (er sagte), ܐܬܦܨܚ (er jubelte), ܫܡܥ (er hörte), ܬܡܗ (er wunderte sich), so dass in vielen Fällen eine Nothwendigkeit die Syrer dazu treibt, die Verben im Perfect und Imperativ gleichförmig auszusprechen? Man muss wissen, dass diese Buchstaben aus der Kehle kommen, weswegen sie auch Kehlbuchstaben genannt werden, und der Redende hat grosse Mühe bei ihrer Aussprache und die Zunge müht sich ab, besonders wenn sie am Ende stehen; stehen sie in der Mitte, so werden sie verschluckt. Ginge ihnen nun Rbhâṣâ voraus, so müsste man sich anstrengen, sie hörbar zu machen, wie ܫܡܥ, denn ܫܡܥ ist leichter für die Zunge; und analog bilde die übrigen. Wisse jedoch, dass der berühmte Ḥunein in seinem Werk über die syrische Grammatik, welches von den Puncten handelt, besondere Verbalformen (hierfür) aufstellt.

---

1) ܡܫܪܢ II.

2) Da das Imperfect bei diesen Verben auf a gebildet wird, so meint Elias, sollte man nach Analogie von ܢܫܡܥ .. ܢܕܚܠ z. B. von ܢܥܒܪ das Praeteritum ܥܒܪ erwarten.

Das oben Bemerkte gilt ebenfalls von den Praesensformen, welche diesem Paradigma folgen z. B. ܚܛܪ .. ܬܦܩܘܕ .. ܦܩܘܕ .. ܦܩܘܕ. Und er vergleicht die übrigen, welche diese Regel nicht annehmen wie z. B. ܚܒܪ .. ܢܨܠ (er bildet). Jacob von Edessa fügt auch noch andere mit anderen Formen hinzu, nur sollen es active sein; ich aber füge hinzu, dass jedes Verbum welches eine Handlung ausdrückt, welche Aussprache es auch habe (d. i. wie auch die andern Silben ausser der letzten ausgesprochen werden), wie z. B. ܬܥܒܕܘܢ .. ܡܬܥܒܕܘܢ .. ܥܒܕܘܢ .. ܡܬܥܒܕܝܢ .. ܡܫܬܠ .. ܡܫܬܥܠ, und alle Verben, welche ein Leiden ausdrücken, in welcher Conjugation sie auch stehen, diese Regel beobachten z. B. ܡܬܬܥܒܕܘܢ u. s. w. Und weiter füge ich hinzu, dass auch bei den Nominibus, wenn ihrem den syrischen Nominibus eigenen Schlussâlaf einer dieser vier Buchstaben (ܚܥܗܪ) vorangeht und die Nomina die Verkürzung erleiden, der diesen (vier Gutturalen) vorangehende Consonant mit Pthâḥâ und nicht mit Rbhâṣâ ausgesprochen wird; so bilden wir von ܒܪܐ (Sohn) ܒܪ. Und bei den Nominibus, welche dem folgenden Paradigma folgen, apocopiren wir [das Alaf] nicht auf diese Weise, ausser bei ܐܠ [1]) und weiter bei ܐܪܥܐ .. ܐܪܥ .. ܐܬܪܐ .. ܐܬܪ ܚܡܪܐ .. ܚܡܪ (also anders bei) ܡܘܬܢܐ (Pest) ܡܘܬܢ ... ܬܪܒܐ (Fett) ܬܪܒ. — Man hat sich also nicht bemüht, die Verba auf gleiche Weise (vocalisirt) zu lesen wegen der Mühe, die sich der Redende (bei ܚܥܗܪ) geben müsste; übrigens erkennt man aus dem was vorhergeht und nachfolgt, welche Verbalformen das Praeteritum und welche den Imperativ bezeichnen sollen.

Cap. XXVII. Woher sind die verschiedenen Aussprachen (d. i. Vocale) der Nomina und Verba genommen, nämlich Zqâfâ, Pthâḥâ [2]) u. s. w.? Merke: es giebt drei Vocalbuchstaben nämlich Alaf, Vau, Jûd, und die übrigen Consonanten

1) Ostsyrische Vocalisation II.

2) In Betreff der Zählung und Benennung der Vocale herrscht bekanntlich bei den syrischen Grammatikern grosse Verschiedenheit. Eine Uebersichtstafel über die Abweichungen zwischen Ost- und West-Syrern

verbinden sich mit ihnen. Aus diesen drei Vocalbuchstaben nun hat man erfinderisch [1]) Vocale entstehen lassen zum Zweck der Zusammensetzung von Nominibus und Verbis, welche von den Dingen Aussagen machen. Von Alaf kommt Zqâfâ = ܐ auf dem ܡ in ܡܳܪܝ [2]) und Pthâḥâ = ܐ auf dem ܫ in ܫܰܠܡܳܐ und Schišlâ oder Rbhâṣâ. Von Vau kommen zwei Vocale, Vau Ḥbhâṣâ und ein anderes Vau, welches Masâqâ und Rwaḥtâ genannt wird; von Jûd kommt nur ein Vocal nämlich ܼ.

Für die übrigen Consonanten (mit Ausnahme näml. von Alaf, Vau und Jûd) wurde, weil sie eigentlich keine (Vocal)-bewegung haben, Pthâḥâ bestimmt oder Zqâfâ oder Schišlâ, welche aus Alaf entstanden sind, einem Vocalbuchstaben und zwar dem ersten. Uebrigens treten diese, nämlich Zqâfâ, Rbhâṣâ und Pthâḥâ auch zu Vau und Jûd, und deswegen sind Manche der Ansicht gewesen, dass Vau und Jûd [3]) halbe Vocalbuchstaben seien, allein sie sind sicher volle. Demnach thust du gut zu merken, dass wenn wir ܡܳܪܝܐ (Herr) lesen das auf dem Mîm befindliche Zqâfâ als halbes Alaf anzusehen ist; und ebenso wenn du ܫܰܠܡܳܐ (vollkommener) liest, worin das Schîn mit Pthâḥâ versehen ist, ist dieses ein halbes Alaf; ferner wenn du ܫܶܡܥܐ (Gerücht) liest, worin Rbhâṣâ auf dem Schîn steht, so ist das Rbhâṣâ ein halbes Alaf. Ebenso wirst du die übrigen Buchstaben verstehen.

Die Grammatiker haben weiterhin weise gehandelt, indem sie zwei Bewegungen (d. i. Zeichen, welche eine verschiedene Aussprache des Buchstaben andeuten), zu sechs anderen Consonanten setzten, um denn Sinn um welchen es sich handelt vollkommen auszudrücken; die Consonanten sind bgdkft, die Zeichen Rukâkhâ und Quššâjâ. Demnach ist in ܚܠܒܳܐ (Milch)

---

giebt Bar Hebraeus in seiner grossen Grammatik p. 4. — Elias zählt hier nur sechs Vocale, ist jedoch in der Benennung selbst nicht consequent gewesen vgl. c. XXV.

1) Lies ܐܬܦܪܫܬ und ebenso ܟܠ 2 vgl. ܟܠ 7.

2) Z. 23 des Textes. — Das zweite ܡ̈ܢ ist zu streichen H.

3) Das Alaf des Textes wird zu streichen sein.

das Bêth weich (aspirirt). in ܣܟܠܒܐ(?) hart: ܟܰܠܒܳܐ (Hund) hart, ܟܶܠܒܳܐ(?) weich. Ebenso bilde die Analogie auch bei den übrigen Buchstaben. Wenn man ܡܟܚܐ mit einem Pthâḥâ auf dem Ḥêth lesen sollte. so hatte man die Einrichtung getroffen, so auch zu schreiben: allein auch Qušâjâ und Rukâkhâ half schon (nämlich um z. B. das Wort ܡܟܚܐ von ܡܟܒܐ zu unterscheiden). Im besonderrn sind die beiden Zeichen auch dienlich zur Unterscheidung der Casus bei den Verbalformen [1]) oder Flexionen und Fälle und wo es sich um Masculinum und Femininum handelt oder Singular und Plural z. B. ܢܛܪܬ welches die zweite Person ausdrückt, wenn das Tau hart ist und ܢܛܪܬ die erste. wenn Tau weich; und ܦܪܩܬܗ̇ (ich habe sie gerettet), mit hartem [2]) Tau für die erste Person. und ܦܪܩܬܗ̇ (sie hat sie gerettet) für die dritte Person Feminini. — Auch dem Pê hat man drei verschiedene Aussprachen gegeben; in ܦܓܪܐ (Leib). ist das Pê ein mittleres; in ܢܦܫܐ (Seele) ist es weich; in ܦܪܨܘܦܐ (Person) hervorgestossen und hart. Es sind dies also unterscheidende nothwendige und nutzbringende Zeichen [3]) in der syrischen Sprache.

Merke: wir fangen in dieser Sprache mit ruhenden Buchstaben, welche nicht für sich lautbar sind an, [4]) die Vocalbuchstaben dagegen beginnen wir beständig mit einer (Vocal)-bewegung; wir endigen aber alle mit Ruhe, ausser Jûd und Vau, die wir auch mit einer Vocalbewegung endigen z. B. ܐܣܝܘ. Warum beginnen wir nicht mit Rukâkhâ? Erstens wegen der Ueberlieferung, denn so haben uns die sorgfältigen Syrer

1) Unter Casus der Verben verstehen die Araber die verschiedenen Modi des Imperfecti; Elias denkt an die verschiedenen Verbalformen im weiteren (aristotelischen) Sinne. Vgl. Steinthal 259.

2) Lies ܒܪܘܟܟܐ.

3) ܣܘܡܟܐ 11.

4) Im Gegensatz zu der arabischen Regel لا يُبْتَدَأُ بساكن.

überliefert und vermacht; und zweitens weil diese Aussprache später entstand nach der Ordnung der Buchstaben. [1])

Wisse, man muss die Verben canongemäss flectiren und auch bei ihren Wurzeln oder Nominibus Actionis sind die Paradigmata regelmässig [2]) und die Aussprache ihrer Vocale richtet sich nach den Verbis (finitis) und die der Verba (finita) nach ihnen (den Nom. Act.). — Bei den übrigen (ursprüngl.) Nominibus ist uns durch die Tradition überliefert, dass sie gerade so gelesen werden und nicht anders, wie wir z. B. lesen ܐܲܠܵܗܵܐ (Gott) mit Pthâḥâ auf Alaf und nicht mit Rbhâṣâ, und ܚܲܒ݂ܠܵܐ (Seil) mit Pthâḥâ auf Ḥêth und und weichem Bêth, und nicht anders.

Wisse dass nach Aristoteles in seiner Schrift peri hermeneias die vorzüglichste Verbalform das Praesens ist [3]) z. B. ܥܵܒ݂ܲܪ (er geht vorüber), ܐܵܡܲܪ (er sagt), ܗܵܘܹܐ (er ist): es vermischen sich demnach die Personen in dieser Form des Verbi auf keine Weise mit einander, nicht Singular und Plural, auch nicht das Masculinum mit dem Femininum. Die Verben aber welche in den beiden anderen Zeiten stehen (Imperfect und Perfect), haben Gemeinsames d. i. Formen welche mehre Bedeutungen haben können, bisweilen des Singular mit dem Plural und auch des Masculinum mit dem Femininum, wie wir sagen ܢܐܡܪ ... ܢܗܘܐ, welche Formen sowohl die 3. Pers. Masc. (Sing.) als auch die erste Pluralis bezeichen. Ebenso ܬܗܘܐ und ܬܐܡܪ für die 2. Pers. Masc. und für die 3. Fem. Das Praesens aber unterscheidet bei allen Formen: 1. ܥܒܕܐܢܐ (ich thue), 2. ܥܒܕܝܢܢ (wir thuen), 3. ܥܒܕܐܢܬ (du thust), 4. ܥܒܕܝܢܬܘܢ (ihr thut), 5. ܥܒܕܐ ܐܢܬܝ (du Frau thust), 6. ܥܒ̈ܕܢ ܐܢܬܝܢ (ihr Frauen thut), 7. ܥܒܕ (er thut), 8. ܥܒܕܝܢ (sie thuen), 9. ܥܒܕܐ

1) D. i. nach der Erfindung des Alfabet's. Wie diese Thatsache den Umstand erklären soll, dass man nicht mit aspirirten Buchstaben anfange, ist nicht einzusehen.

2) Vgl. Steinthal 683 ff.

3) Steinthal 259.

(sie thut). 10. ܥܒ̈ܕܝ (sie thuen fem.), 11. ܥܒܕܐܢܐ (ich Frau thue). 12. ܥܒ̈ܕܢ (wir Frauen thuen).

Cap. XXVIII. Ueber die Bedeutung der Linien, welche die östlichen Syrer verwenden, nämlich Nâgûdâ, Mṭapjânâ, Marhṭânâ, Mhagjânâ oder Hegjânâ. Ich erinnere mich gesagt zu haben, dass die Punctation sich in zwei Theile spalte; der eine (dient) zur Unterscheidung der Aussprache der Nomina, Verba und übrigen Redetheile mit dem Munde, nämlich Zqâfâ, Pthâḥâ, Qušâjâ u. s. w.; der zweite Theil ist der, welcher zum Verständniss führt und anleitet, wie 'Elâjâ, Taḥtâjâ, Zaugâ und die übrigen Interpunctionszeichen. Entsprechend gehören auch von den Linien die einen dieser Art an, die andern jener, nämlich folgendermassen. Die Bedeutung des Nâgûdâ ist häufig in der Trennung z. B. ܐܡܪ ܝܫܘܥ ܠܬܠܡܝܕܘܗܝ (Jesus sprach zu seinen Jüngern); hier wird ܝܫܘܥ mit dem Nâgûdâ versehen, damit man (nach dieser Pause) den Rest des Satzes lesen kann. Z. B.[1]) ܘܕܠܐ ܡ̈ܬܠܐ ܠܐ ܡܡܠܠ ܗܘܐ ܥܡܗܘܢ (und ohne Gleichniss redete er nicht mit ihnen Marc. 4, 34); hier versieht man das ܠܐ mit Nâ-

1) Vor dem folgenden Beispiel ist im Text nach Bar Zu'bî bei Martin S. 16 Folgendes zu ergänzen: „Wenn ein Buchstabe in einem Wort zwei Mal hinter einander vorkommt, und wir beide deutlich hervortreten lassen wollen, so versehen wir das Wort, welches dem mit verdoppeltem Buchstaben vorangeht, mit Nâgûdâ z. B." u. s. w. (Martin hat Bar Zu'bî nicht verstanden). — Bar Hebraeus sagt gr. Gr. p. 201 f.: „Die westlichen Syrer kennen diese beiden Linien (Nâgûdâ und Mṭapjânâ) nicht". Was er sodann über Nâgûdâ sagt, weicht von der Regel des Elias etwas ab. Seine Worte sind: „Wenn zwei verschiedene vocallose Consonanten zusammenstossen [von denen der eine am Ende des ersten, der andere am Anfang des zweiten Wortes steht], so dehnt man (ܠܓܘܢ ܐܢܫܐ ܥܒܕܝܢ) den mit einem Vocal versehenen, welcher dem am Ende des ersten Wortes stehenden vocallosen vorangeht und versieht ihn mit einer schrägen Linie, welche man Nâgûdâ nennt z. B. ܘܢܫܡ ܥܠܥܠܡܥܠܡܝܢ. Der Ursprung für Alles dies ist in folgenden Worten bei Bekker Anecdota 675 zu suchen: *Ἡ δὲ διαστολὴ* (ܦܣܩܐ) *τίθεται ὅταν διαστεῖλαι καὶ διαχωρίσαι ὀφείλωμέν τινα λέξιν, οἷον ἔστιν, ἄξιος. μεταξὺ τοῦ ν καὶ τοῦ α εἰςῆλθεν ἡ διαστολή, ἵνα μὴ ὁ ἀναγινώσκων ἀντὶ τοῦ εἰπεῖν ἔστιν ἄξιος εἴπῃ ἔστι Νάξιος . . . οὕτως καὶ τὰ ὅμοια.*

gûdâ, damit die beiden Mîm (in ܕܡܡܠܠ) deutlich hervortreten. Dagegen ist mit der Punctation ein Sinn verbunden z. B. wenn wir Jemandem einen Befehl ertheilen. z. B. ܐܡܪ ܠܡܪܟ (sage deinem Herrn); ܬܘ ܠܘܬܝ ܟܠܟܘܢ ܠܐܝܐ ܘܫܩܝܠܝ ܡܘܒܠܐ (kommet her zu mir Alle die ihr mühselig und beladen seid Matth. 11, 28). — Mṭapjânâ aber gehört im Gegensatz zum Nâgûdâ zu dem Theil (der Linien), welcher sich auf den Gedanken bezieht: so sagt man ܡܕܝܢܬ ܡܠܟܘܬܐ (Königstadt); wir setzen das Wort ܡܕܝܢܬ mit ܡܠܟܘܬܐ (durch Mṭapjânâ in Verbindung, damit wir die Zusammengehörigkeit dieser Begriffe erkennen.[1]) Hegjânâ setzen wir und es gehört zu beiden Arten und zwar: wenn zwei Buchstaben da sind, die sei es derselben Species oder demselben Genus angehören, so versehen wir den einen mit Hegjânâ, unterdrücken den andern und sprechen den ersten aus,[2]) denn wenn Hegjânâ bei einem Buchstaben steht, so bezeichnet es dasselbe wie die Verdoppelung eines Buchstabens in griechischer und arabischer Sprache. So auch die Syrer, z. B. dammallînan; wir versehen (das eine Mîm) mit Hegjânâ und brauchen (beide Mîm) nicht auszusprechen. Uebrigens geschieht auch dies wegen der Leichtigkeit und Einfachheit der Rede.[3]) — Marhṭânâ steht dem Hegjânâ gegenüber; wir gebrauchen

1) Ueber Mṭapjânâ sagt Bar H. l. l. „Wenn ein am Ende eines Wortes stehender vocalloser Consonant zusammentrifft mit einem am Anfange des zweiten Wortes stehenden bewegten, so hält man ihn fest, zieht ihn nicht hinüber und setzt unter denselben eine gerade Linie welche man Mṭapjânâ nennt z. B. ܡܕܝܢܬ ܬܪܘܬܐ.

2) ܬܦܘܗ.

3) Vgl. BA bei Payne Smith s. v. ܡܗܓܝܢܐ wo statt ܠܡܬܦܚܝܢ zu lesen ist ܠܡܬܠܠܝܢ. — Bei Bar H. hat Hegjânâ eine andere Bedeutung: er sagt (p. 199): „Wenn ein ruhender Consonant mit einem anderen ruhenden zusammenträfe, so entstände für die Aussprache Schwierigkeit z. B. ܢܩܪܝܢ. Um dies zu vermeiden giebt man dem Qûf ein Hegjânâ ܢܩܪܝܢ (nekerjân)“. — Ein der Regel des Elias entsprechender Abschnitt findet sich dagegen bei BH in dem Abschnitt „von den Buchstaben welche vorborgen werden“ p. 197 ff.: 1) Wenn ein und derselbe Buch-

dasselbe theils wegen der Leichtigkeit des Verbums,[1]) theils zum Unterschiede von Nominibus und Verbis, welche mit Hegjânâ versehen werden z. B. dmethelzîn, dneghemrûn, dnethelzûn. Und die Syrer, welche Hegjânâ nicht verwenden, machen Fehler, weil das Verbum immer dick wird, und ihrer Sprache haftet Schwere an. Uebrigens verwenden auch andere ausgezeichnete Sprache das Hegjânâ.

Man möge wissen, dass die Behandlung[2]) der sieben Theile der syrischen Sätze; der Abschnitt über die Aufhebung (von Buchstaben); die Regeln über die Formen der Nomina und den Sinn der Conjunctionen und übrigen Partikel; und die Betrachtung der einzelnen Personen; der Buchstaben welche zu anderen hinzugesetzt werden oder nicht hinzugesetzt werden und das Futur, Praesens oder Praeteritum, das Masculinum im Singular und im Plural oder das Femininum bezeichnen, zu der Art und dem Theil der Interpunction gehören, die für das Verständniss dient.[3]) — Wenn Jemand fragt, weshalb in der Ueberlieferung nicht auch erwähnt sind (d. i. durch besondere Zeichen ausgedrückt) die Buchstaben, welche weich ausgesprochen werden,[4]) so dass die syrischen Buchstaben die Zahl

stabe zweimal steht ([illegible]) und der erste vocallos ist, so verbirgt sich der erste im zweiten. 2) Dasselbe gilt von Buchstaben, die eine verwandte Aussprache haben ([illegible]); hier nimmt der erste den Laut des zweiten an. Solche verwandte Buchstaben sind Tau und Ṭêth, Dâlath und Tau, Hê und Ḥêth, ʿAin und Ḥêth, Nûn und — Rêš, Mîm, Lâmadh, Vau Kâf, Qûf, Bêth, Gâmal, Ṭêth, Ṣâde, Semkath Zai, Šîn, Tau. — Aus diesen Bemerkungen ergiebt sich, was Elias mit Buchstaben die derselben Species oder demselben Genus angehören meint.

1) Es zeigt an, dass über einen Buchstaben schnell hinweggelesen werden soll; in welchen Fällen es nach den östlichen Grammatikern gesetzt wird, sagt B. H. p. 200. — In den nachher angeführten Beispielen hat Hegjânâ plötzlich eine ganz andere Bedeutung als vorher, nämlich dieselbe wie bei B. H.; wenn dies die zweite Bedeutung des Zeichens sein soll (?), von welcher der Verf. oben sprach, so hat er sich mindestens sehr unklar ausgedrückt.

2) Erg. ein Wort wie [illegible] H.

3) Die Note 6 unter dem Text ist zu streichen.

4) ܡܪܟܟܢܘܬܐ H.

30 ausmachten [1]) und nicht 22, (und) so dass von der Anzahl des syrischen Abc diese Quantität ebenso hinaufsteigt, wie es bei den Arabern der Fall ist, welche [2]) acht und zwanzig Buchstaben zählen, nämlich ا ب ت ث u. s. w. — so antworten wir, dass die Ueberlieferung dieser Erweichung [3]) erst später stattgefunden hat und nicht schon von der Zeit datirt, wo die heil. Schriften in die syrische Sprache übersetzt wurden. Es genügt, dass die Schüler beim Lesen selbst von den Lehrern lernen, dass dieser Buchstabe weich auszusprechen sei, dieser aber nicht weich; und dies vererbt sich durch mündliche Belehrung ohne schriftliche Ueberlieferung.

Cap. XXIX. [4]) Wisse: die Punctation theilt sich in zwei Arten: entweder dient sie für die Aussprache der Worte, der Nomina nämlich und Verba u. s. w. wie z. B. in dem Worte ܐܠܗܐ das erste Alaf gemäss der Ueberlieferung mit Pthâḥâ versehen wird, und wie ebenso in dem Worte ܐܕܪ [5]) das Dâlath; in anderem Sinne aber handelt es sich um die Zeichen, die eigentlich Punctation genannt werden und zum Zweck der Genauigkeit der Gedanken gesetzt sind. Diese letzteren sind für die Eleganz und Gefälligkeit der syrischen Sprache und Rede bestimmt. Es bedarf daher der Sorgfalt um die Arten zu erkennen, welche für das Verständniss dienen, wie z. B. Pâsûqâ, welcher anzeigt, dass der Sinn eines Satzes vollendet ist, und Methkašfânâ, welcher die Niedrigkeit des Redenden und die Erhabenheit dessen, an den das Wort gerichtet ist [6]) andeutet.

---

1) Die 6 bgdkpt in aspirirter Aussprache und mit besonderen Zeichen ergeben 28; griechisches Pê 29; endlich hat auch Gâmal drei verschiedene Aussprachen (vgl. Z. d. D. M. G. XXXII, p. 746 Anm.) = 30.

2) Lies ܕܚܫܒ.

3) Lies ܪܘܟܟܐ II.

4) Aus einer Vergleichung des Anfangs von Cap. XXIX und XXVIII und unter Berücksichtigung des Schlusses von XXVIII, welcher offenbar einen grösseren Abschnitt markirt, ergiebt sich, dass die Reihenfolge beider ursprünglich umgekehrt war.

5) Scheint verderbt; etwa [ܡܫܡ]ܕܪ̈ oder dgl.

6) II. ܡܬܟܫܦܢܐ.

In einem Exemplar der Werke des Jacob von Edessa habe ich eine Schrift über die Puncte, die für das Verständniss dienen, gefunden;[1]) er nennt sie ܢܝܫܐ (Zeichen) und fasst sie in sieben Gruppen zusammen.[2])

1) ʿElâjâ: „Buch von der Geburt Jesu Christi" Matth. 1, 1; wird hinter den letzten Buchstaben des letzten Satzgliedes nach oben hin gesetzt. — 2) ʿEṣjânâ. Es scheint dass er Mzîʿânâ rabbâ so nennt. — 3) Zauʿâ d. i. Mzîʿânâ. 4te Art. Taḥtâjâ: „Das erste Buch habe ich geschrieben, o Teophilus" Act. 1, 1. 5) Samkâ: „Das Brot stärkt" ψ 104, 15. — 6) Mṣaljânâ oder „Erbitter von Gott": „Ich bitte dich Herr" Luc. 9, 38; diesen nennen die östlischen Syrer Dathlâthâ (wegen der drei Puncte). — Die 7te Art sind zwei in senkrechter Linie stehende Puncte, nämlich Zaugâ und dies wird gesetzt, wenn man zum Nachsatz eilt: „Und Gott sah, dass die Sünde der Menschen auf Erden viel war" Gen. 6, 5. — 8) Tkâsâ, und wir nennen es Zaugâ ʿelâjâ z. B. „Sollte er, der die Augen[3]) geschaffen hat, nicht sehen" ψ 94, 9, und dies besagt in mahnender Weise: „er schaut im Verborgenen".[4]) 9) Schrâjâ: „Ihm sei

1) Der folgende Abschnitt über die Accente ist ein Auszug aus dem bei Phillips: Mâr Jacob and Bar Hebraeus on Syriac accents Appendix 1 gegebenen Text mit denselben Beispielen. Dieser Text folgt im Ms. unmittelbar auf den Tractat des Jacob von Edessa über die Puncte; der Verf. ist nicht genannt; Mâr Jacob selbst kann es nicht gewesen sein, weil sich in seinem Tractat viel Abweichendes von dem hier gegebenen findet, so zählt Mâr Jacob 47 Accente, der vorliegende Text nur 23. — Auch Elias drückt sich über die Urheberschaft vorsichtig aus.

2) Die sieben Gruppen sind bei Phillips folgende: 1) ʿElâjâ, ʿEsjânâ, Zauʿâ. 2) Taḥtâjâ, Samkâ, Mṣaljânâ. 3) Śwâjâ (= Zaugâ), Tkâsâ, Śrâjâ. 4) Rahṭâ dlâ phâseq, Rahṭâ dphâseq. 5) Mḥawjânâ, Mšajlânâ Qârûjâ, Pâkûdâ, Mpîsânâ, Mqalsânâ oder Jâheb tûbe. 6) Metdamrânâ,, Mnâḥtâ, Mbhaṭlânâ (= Mzahrânâ). 7) Zâqûrâ (oder Mḥajdânâ), Gârûrâ und Pâsûqâ. Die griechische Abkunft dieser Siebentheilung ergiebt sich aus folgenden Worten bei Bekker Anecdota p. 711 *ἑπτὰ γὰρ ἦσαν* [*προςῳδίαι*] *τὸ πρῶτον, διότι καὶ φωνήεντα ἑπτά εἰσιν.*

3) Der Accent hinter ܥܝܢܐ ist im Ms. etwas in die Höhe gerückt, was aus typographischen Gründen im Text nicht wieder zu geben war.

4) Nach Bar Zuʿbi Cod. Peterm. 9. fol. r. b ܘܐܝܟ ܕܒܟܣܝܐ ܚܙܐ ܡܬܚܙܝܢܘܬܐ ܡܚܟܡܢܐ behält H. die Texteslesart bei und ändert ܚܙܐ (ܚܙܝ?).

Lob und Preis in alle Ewigkeit. Amen“ Röm. 9, 5. Dieser Accent gleicht dem vorhergehenden in Bezug auf die Setzung der Punkte, doch setzt man ihn nur am Ende einer Aussage. 10te Art. Raḥṭâ dlâ phâseq: „Schau Herr und sieh, was uns geschieht“ Threni 5, 1: diesen nennen wir Kârtâ. 11) Raḥṭâ dphâseq: „Tod wo ist dein Stachel“ [1]) 1 Cor. 15, 55. 12) Mḥawjânâ: „Siehe das ist Gottes Lamm“ Joh. 1, 29; diesen nennen wir auch Pâqûdâ und Pâsûqâ. 13) Mšajlânâ: „Wohin habt ihr ihn gelegt?“ Joh. 11, 34. 14) Qârûjâ: „Kommet zu mir Alle, die ihr mühselig und beladen seid, ich will euch erquicken“ Matth. 11. 28. 15) Pâqûdâ: „Geh sammle die Pfeile, welche ich schiesse“ 1 Sam. 20, 36. 16) Mpîsânâ: „Nimm mich an als einen deiner Arbeiter“ Luc. 15, 19. 17) Mqalsânâ oder Jâheb Ṭûbe: „Selig sind die da geistlich arm sind“ Matth. 5, 3. Merke dass die Zeichen dieser fünften Gruppe einander sehr ähnlich sind und deswegen . . . . . . [2]) und nach der jedesmaligen Bedeutung erhalten sie ihren Namen. — 18) Metdamrânâ: „Wie sind die Helden gefallen“ 2 Sam. 1, 27: er besteht darin, dass zwei Puncte über den ersten Buchstaben gesetzt werden. — 19) Mnâḥtâ: „Ihre Netze ordnend“ Marc. 1, 19. — Mzahrânâ: „Im Anfange war das Wort“ Joh. 1, 1. 2) Zâqûrâ oder Mḥajdânâ: [3]) „nicht geboren“, „nicht veränderlich“: dieser Accent zeigt an, dass zwei Glieder oder Gedanken zusammengehören, [4]) und wir nennen ihn ʿAṣîṣâ und er steht für Samkâ

---

1) Zwei senkrecht über einander stehende Puncte und einer rechts vom oberen (:·).

2) Der Text ist verstümmelt. Bei Phillips p. 72 heisst es: „Alle diese [Accente der 5 Gruppe] nehmen ein und dieselbe Stelle ein; sie werden nämlich über den ersten Buchstaben des ersten Wortes gesetzt und ihr Zeichen wird benannt je nach dem Sinne des Satzes, in welchem sie vorkommen.

3) [Syriac word] des Textes fehlt bei Phillips an allen drei Stellen und gehört nicht hierher.

4) Der Text ist in dieser Verkürzung kaum zu verstehen; er lautet bei Phillips p. 73 f.: „Zâqûrâ oder Mḥajdhânâ . . . Es giebt in der griechischen Sprache Worte, die wenn sie in unsere syrische übertragen werden nur durch zwei Worte wiedergegeben werden können, wie folgende ἀποφάσεις d. i. Negationen: ἀγέννητος, ἀμετάτροπος, ἀσύλληπτος u. s. w. Die heiligen Väter und Uebersetzer der göttlichen Schriften

gnîbhâ: „Der offenbart wurde im Fleisch" 1 Tim. 3, 16. — 21) Gârûrâ und Pâqûdâ; oben hat er ihn Pâsûqâ genannt. [1]) „Juda". Ich denke dies ist Nâgûdâ; oben hat er ihn Mqalsânâ genannt. [2]) „Juda ist ein junger Löwe" Gen. 49. 9. — Schuḥlâf Mnaḥtâ: [3]) „Es wird gesäet verweslich und wird auferstehen unverweslich" 1 Cor. 15. 42; diesen nennen wir ʿAṣîṣâ. — Schuḥlâf Samkâ: [3]) „Nicht Tod" Röm. 8, 38; dieser ist in erster Linie ʿAṣîṣâ (?) — Pâsûqâ heissen alle Accente, welche am Ende eines Satzes stehen.

Ich habe bei Mâr Narsi in einer Homilie gefunden ܬܦܪܩܘܢܝܗ̇. (du wirst ihn spalten) demnach ܬܫܒܩܘܢܝܗ̇. (du wirst ihn verlassen), ܬܕܘܫܘܢܝܗ̇ (du wirst ihn unterdrücken), ܬܟܬܒܘܢܝܗ̇ (du wirst ihn schreiben), und jegliches Verbum, in welchem Vau vorkommt und welches solche Aussprache hat,

---

beschlossen einen Punct unter den letzten Buchstaben des ersten Wortes zu setzen und einen anderen unter den ersten Buchstaben des zweiten Wortes, um anzudeuten, dass obgleich es in der syrischen Sprache zwei Worte sind, sie im Griechischen grösstentheils nur eins bilden". — Falls im Griechischen zwei Worte standen, die jedoch eng zusammengehören, steht nach B. H. (bei Phillips p. 56) Šuḥlâf Mhajdhânâ; dies zur Erklärung des letzten Beispiels bei Elias. — Ueber die nicht uninteressante Herkunft dieses Accentes und seiner Regel vgl. Bekker 675 ἡ δὲ ὑφὲν (ܢܣܪܐ nach Etymologie von ὑφαίνω) τίθεται, ὅταν δύο λέξεις ἐν τῷ ἅμα ὀφείλωσι λέγεσθαι, οἷον φιλό θεος, ἀρχι στράτηγος καὶ τὰ ὅμοια und 689 διὰ τοῦτο γὰρ καὶ ὠνόμασται ὑφέν, ὡς ἑνοῦσα (ܡܗܝܕܢܐ) τὰς λέξεις καὶ ὑφ' ἓν ποιοῦσα ἀναγινώσκεσθαι. τίθεται δὲ ὑποκάτω τῶν δύο λέξεων, ἐπὶ τῆς προτέρας λέξεως τοῦ ἐσχάτου γράμματος ἔχουσα τὴν ἀρχήν, ἐπὶ δὲ τῆς δευτέρας τοῦ ἀρκτικοῦ ἔχουσα τὸ τέλος τοῦ σχήματος.

1) In der Liste bei Phillips ist dies nicht der Fall. Der Text bei Elias ist in Unordnung. Für das folgende Beispiel dient die Notiz bei Phillips p. 83 zur Erklärung, dass von Einigen Gârûrâ nur auf das Wort ܗܕܪܐ gesetzt wird.

2) Auch hier ist der Text in Unordnung; bei Phillips ist Mqalsânâ vielmehr ein anderer Name für Jâheb ṭûbe. — Vgl. Bar Hebr unter ܡܩܠܣܢܐ.

3) Diese beiden Accente fehlen in der Liste bei Phillips.

muss man so dehnen: auch ܐܫܒܘܩܝܘܗܝ (ich werde ihn verlassen). ܐܦܪܘܩܝܘܗܝ (ich werde ihn spalten) ܠܫܒܘܩܝܘܗܝ .. ܠܦܪܘܩܝܘܗܝ.[1])

Cap. XXX. Dies Capitel handelt kurz von der syrischen Syntax. — Es giebt im Syrischen sieben Redetheile: Nomen. z. B. Gott, Mensch, Heiliger, Fels, Thier, Pferd, Ochs, Hund, Adler, Löwe. — Verbum, z. B. that, thut, wird thun. — Pronomen . . . .[2]). Participium oder Adjectiv, z. B. heilig, gerecht, heilig (ist) der Mann, gerecht (im stat. abs.), frevelhaft (ebenf.), böse (im stat. abs. und emphat.. [Participium] z. B. harrend, hinüberführend, anfangend, redend, gethan, und weiter: der da thut (ܕܥܒܕ), der da ist (ܕܗܘܐ), der da thun wird (ܕܢܥܒܕ), und jegliches Verbum, zu welchem Dâlath und Lâmadh hinzutritt ist ein Participium. — Praeposition oder „zur Conjunction gehörig", z. B. wegen, allein, nicht sein, sein, nicht, gehörig, mit, auf. Das Erkennungszeichen der Praeposition ist die Hinzufügung von fünf Buchstaben, welche Pronomina sind, Jûd, Hê, Kâf, Vau, Nûn. Z. B. ܡܛܠܬܝ etc. meinetwegen, deinetwegen, seinetwegen, unsertwegen, euretwegen,[3]) ihretwegen. — Adverb oder „zum Satz gehörig": auch, wenn, da, bewahre, keineswegs, wann, wiederum, und auch: weil.[4]) — Conjunctionen: denn, aber, zwar, nämlich, freilich nur. Das Zeichen (der Conjunction) ist, dass es keinen Menschen geben könnte, der da sprechen wollte, ohne die Nomina mit den Verbis (durch sie) zu verbinden; die Grundlage des Satzes sind jedoch seine beiden Theile Nomen und Verbum; das Nomen

—

1) Die gewöhnliche Formen heissen ܢܦܪܩܝܘܗܝ. — Uebrigens gehören diese letzten Worte ohne Frage an eine andere Stelle (cap. XV ?)

2) Hier ist im Text ein Stück ausgefallen, in welchem die Beispiele für das Pronomen und das Wort ܡܛܠܬ ܚܣܝܐ standen. — Weshalb Worte wie ܬܡܝܡܐ sowohl als Nomen als auch als Adjectiv angesehen werden konnten, ergiebt sich aus Steinthal l. l. 611.

3) ܡܛܠܬܗܝܢ ist ausgefallen.

4) ܡܛܠ kann sowohl als Praeposition als auch als Adverb angesehen werden.

als Genus, Substract (*τὸ ὑποκείμενον*) und Materie oder Stoff das Verbum aber als Unterscheidung oder Zeichnung.[1]) Diese übrigen (Satztheile) nehmen[2]) Bestand und Namen vom Nomen und Verbum und sind gewissermaassen deren Qualitäten und Accidentien, das erkennt man daraus, dass sie Pronomen (u. s. w.) genannt werden; man sieht (in ihnen) nicht das Nomen und Verbum allein, sie sind aber beide in der Benennung dieser (Redetheile, nämlich Pronomen, Adverb) enthalten. Auch haben sie keine eigentliche Existenz, sondern sie sind gewissermassen [Accidentien am][3]) Subject. — Die Zusammensetzung des Satzes ist folgendermaassen, wie wenn du sagst: Siehe jedoch jener Mann sagt von dir Ehrenvolles;[4]) oder „Wenn du denn in das Haus gehen willst, so geh"; oder: „Gott nämlich hat sich vereinigt mit einem Menschen von uns zu dem Zwecke, dass Jeder der Gerechtigkeit thut und sich von den Sünden wendet". . . . . .

Merke, alle diese sieben Redetheile werden Nomina genannt und erhalten dann diese besonderen Benennungen; ohne (den Begriff der) Zeit ist (das Wort) ein Nomen, mit demselben ein Verbum; die übrigen sind Anhängsel dieser.[5])

Wisse, alle Verben an deren Anfange einer der Bildungsbuchstaben(?) Alaf, Mîm, Nûn, Tau steht, und welche folgendermaassen vocalisirt werden ܐܨܒܐ (ich werde wollen) u. s. w.

1) Vgl. Quintilian instit. orat. I 4. 18 Veteres enim, quorum fuerunt Aristoteles et Theodectes, verba modo et nomina et convinctiones tradiderunt: videlicet quod in verbis vim sermonis, in nominibus materiam (quia alterum est quod loquimur, alterum de quo loquimur) in convinctionibus autem complexum eorum esse judicaverunt". Vgl. Bekker Anecd. 844. *κύρια γὰρ καὶ γνησιώτατα μέρη τοῦ λόγου τὰ δύο ταῦτα, τό γε ὄνομα καὶ τὸ ῥῆμα . . . πάντα δὲ τὰ ἄλλα πρὸς τὴν τελείαν σύνταξιν ἐπινενόηται.* vgl. 927. 932. 952.

2) ܢܣܒܝܢ H.

3) [illegible] H.

4) Lies ܡܝܩܪܐ oder dgl. — Die sieben Worte des Satzes repräsentiren die sieben Wortarten.

5) Vgl. Hoffmann de herm. 70. 74.

bei diesen und ähnlichen wird der dritte Consonant regelmässig hart ausgesprochen. — Eine andere Regel; in jeglichem Wort. welches Vau in der Mitte hat, auf welches ein Bêth folgt, und in welchem ferner auf das Bêth ein mit einem Vocal versehener Consonant folgt, wird Bêth nothwendig unterdrückt. z. B. ܩܘܒܐ (ein Würfel), ܨܘܒܥܐ (das Eintauchen), ܫܘܒܚܐ (lies: šûḥâ, Lob); diese und ähnliche unterdrücken das Bêth regelmässig. [1]) — Eine andere Anweisung; über die Aussprache des Jûd; z. B. ܡܠܠ (er redete) ܡܡܠܠܝܢ u. s. w.; in allen Worten in welchen kein Alaf an letzter Stelle steht, spricht man das Jûd (des Plurals) aus. Dagegen merke dir, Leser, das jegliches Verbum, an dessen Ende Jûd oder Alaf steht, das Jûd unterdrückt z. B. ܓܒܐ (er erwählte) ܓܒܝܢ u. s. w. Jegliches Verbum aber, an dessen Ende kein Jûd oder Alaf steht, lässt das Jûd hören z. B. ܡܠܠ .. ܡܡܠܠܝܢ und alle gleichartigen. – Steht Alaf am Anfange eines Wortes und auf das Alaf folgt ein vocalloser Consonant, so spricht man das Jûd aus z. B. ܐܣܓܝܢ (wir haben vermehrt) u. s. w. — Steht es (Jûd?) hinter den vier Buchstaben ܐܢܝܬ, und bezeichnen diese, wenn sie am Anfange des Verbum stehen, das Praesens und das Futur [so unterdrückt man das Jûd]. [2]) — Auch wisse, Herr, dass in jedem Verbum von drei Consonanten von denen einer zu den ܐܢܝܬ gehört, dieselben weder hart noch weich ausgesprochen werden. [3]) Merke ferner: in jeglichem Verbum, welches auf dem ersten und letzten Consonanten ein Mzî'ânâ hat, betone das erste Mzî'ânâ und lass das zweite unberücksichtigt. — Jegliches Alaf, dem Vau vorausgeht, wird wie Vau ausgesprochen. — Merke: in jeglichem mit Pluralzeichen versehenen Nomen, in welchem sich ein Jud befindet, dem ein mit Pthâḥâ versehener Consonant vorhergeht und ein Kâf folgt, wird das Kâf hart ausgesprochen, z. B. ܟܢܫܝܟܘܢ (eure Haufen) u. ä. — Lies: ܥܡܗ ܐܢܬ u. a. ä.; in

1) Vgl. Z. d. D. M. G. XXXIII 669.

2) Ergänzung von H.

3) Der Text scheint verderbt zu sein.

diesen [lass] das He [hören] und unterdrücke das Alaf regelmässig. In jeglichem mit Nûn schliessenden Worte sprich falls das folgende Wort mit Alaf anfängt das Nûn aus und unterdrücke das Alaf z. B. ܐܢ ܐܢܬܘܢ (spr.: e-nattun), ܡܢ ܐܣܕܘܗܝ (von seinen Kopfkissen), ܡܢ ܐܣܟܡ (von einer Rotte). — ܒܛܢܬܢܝ ܐܡܝ (meine Mutter hat mich empfangen ψ 51, 7). —

Von jeglichem in der Mitte eines Wortes stehenden Dâlath und Tau, denen ein mit einem Vocal versehener Buchstabe vorangeht, wird das erste, sei es Dâlath oder Tau unterdrückt z. B. ܐܚܝܕܬܘܢ (ihr fasstet), ܪܕܬܘܢ (ihr jagtet). In allen Femininformen wie ܐܬܝܐ (kommt), ܚܙܝܐ (seht), ܩܪܝܐ (ruft) und in allen ähnlich gebildeten sprich die Jûd wie Alaf aus. — Jegliches Alaf dem Jûd vorangeht, wird wie Jûd gelesen, und Alaf dem Vau vorangeht, wie Vau z. B. Schmûwîl (Samuel) Ḥezqîjîl (Ezechiel), Gabrîjîl (Gabriel). — Allenthalben wo zwei Hê zusammenstossen, wird auch das zweite [ausgesprochen] z. B. ܩܪܗ ܗܘܐ .. ܡܫܡܥܗ ܗܘܐ. — Jegliches Alaf, dem Pê vorangeht, wird nicht ausgesprochen z. B. ܦܐܬܐ (Bart), ܦܐܪܐ (Frucht). — So oft ein mit Zqâfâ versehenes Alaf einem andern Alaf vorangeht wird dies ausgesprochen [z. B. ܐܐܪ 'âjar]. So oft zwei Consonanten in der Mitte eines Wortes stehen und ihnen ein mit einem Vocal versehener Consonant folgt, wird der eine von ihnen unterdrückt z. B. ܐܬܬܘܝ (er bereute), ܐܬܬܢܝ (es wurde erzählt), ܐܬܕܒܪ (er wurde geführt). — So oft einem in der Mitte eines Wortes stehenden Alaf ein mit einem Vocal versehenes Vau folgt und ein Vocal vorangeht, wird das Alaf nothwendig unterdrückt z. B. ܚܙܐܘܢܝ (sehet mich) u. s. w. So oft auf ein in der Mitte eines Wortes stehendes Jûd ḥbbiṣtâ einer von den fünf Buchstaben ܒܓܕܟܦܬ folgt, werden die letzteren weich ausgesprochen, seien sie mit Zqâfâ oder Pthâḥâ versehen z. B. ܢܣܝܒܐ (genommener) ܚܪܝܢܐ (streitender), und alle gleichartigen. Wenn aber der Consonant welcher dem Jûd, von dem diese Regel gilt, vorausgeht, mit Zqâfâ oder Pthâḥâ versehen ist, so wird der folgende Consonant nothwendig hart ausgesprochen z. B. ܒܪܝܬܐ (die äussere), ܟܝܢܬܐ

(die Zelle) u. ä. Steht aber an der Stelle dieses Jûd ein Vau ḥbhiṣtâ oder masaqtâ, so wird das folgende Tau weich gelesen z. B. ܨܠܘܬܐ (Gebet) u. s. w.

Wenn in dem Worte ܗܝܕܝܟ das Dâlath mit dem Jûd verbunden ist, so weist das auf die Vergangenheit hin („damals“); sind die beiden Buchstaben getrennt (ܗܝ ܕܝܟ), so bezeichnet es das Femininum oder Neutrum. — Ist in ܐܟܚܕܐ das Kaf mit dem Ḥêth verbunden, so bezeichnet es die Gemeinsamkeit z. B „die wir zusammen (ܐܟܚܕܐ) das Mahl gegessen“ ψ 55, 14, „so gingen die beiden mit einander (ܐܟܚܕܐ)“ Gen. 22, 6. Heisst es getrennt ܐܝܟ ܚܕܐ, so dient es als Hinweis und für die Vereinzelung von Etwas, wie man sagen könnte: „Der Theil N. N.'s ist wie einer (ܐܝܟ ܚܕܐ) von den Theilen P. P.'s“. — Ist in ܐܟܙܢܐ das Kâf mit dem Zai verbunden, so wird es als Hinweis gebraucht im Sinne von „dieser ist Etwas, wie der und der“; ist aber das Zai vom Kâf getrennt (ܐܝܟ ܙܢܐ), so dient es zum Hinweis, wie man sagen könnte: „Es ziemt sich dass wir jedem Menschen so wie seine Art (ܐܝܟ ܙܢܐ) d. i. Gewohnheit ist thun“.

Welcher Unterschied ist zwischen einem Stolzen, [einem Prahler], einem Hochmüthigen und einem Aufgeblasenen? Stolz ist derjenige, welcher sich selbst schätzt wegen einer Sache die er besitzt, z. B. ein Reicher auf seinen Reichtum, ein Gelehrter auf seine Gelehrsamkeit. Ein Prahler ist derjenige, welcher mit einer Sache prahlt, die nicht sein ist, wie der Diener, der mit dem Ruhm seines Herrn prahlt. Hochmüthig ist der, welcher sich im Herzen und in Gedanken hochstellt, mit dem Munde aber nicht gross thut. Aufgeblasen ist der welcher viel Selbstüberhebung besitzt und Jedermann in Gedanken und Worten verachtet. Auch der Hoffärtige ist aufgeblasen.

Welcher Unterschied ist zwischen Unwahrheit und Lüge? Unwahrheit findet da statt, wo Jemand einfach Etwas sagt, was nicht wahr ist, wenn es gerade so kommt; Lüge aber ist das, was im Herzen durch List und Verschmitztheit geschmiedet ist und was in Gedanken verarbeitet wird, bevor man es ausspricht.

Welcher Unterschied ist zwischen Freude, Heiterkeit, Fröhlichkeit, Lustigkeit? Die Freude ist im Herzen, Heiterkeit im Gesicht, Fröhlichkeit äussert sich durch die Füsse, Lustigkeit durch Handlungen, wie Jemand, der ein grosses Mahl gemacht hat und mit seinen Freunden lustig ist, oder wie die Lust des Bräutigams an der Braut an seinem Hochzeitstage. — Welcher Unterschied ist zwischen sich nähern und sich neigen? Sich nähern ist das Nahekommen eines Wesens an ein anderes; sich neigen wird von einer solchen Gesinnung gebraucht, welche fremder Lehre zustrebt. —

Welcher Unterschied ist zwischen Gram, Kummer [und Harm]? Der Gram dauert lange Zeit wie der Jacobs über Josef; Kummer kurze Zeit, wie Jemand, der Nackte und Bedürftige sieht und um sie bekümmert ist. Harm ist ein Leid des Herzens ohne Ende bis zum Tode, wie der Harm der Heiligen.

Welcher Unterschied ist zwischen verharren, warten und abwarten? Warten gebrauchen wir von der zeitweiligen Erwartung der Worte; verharren von dem Warten, welches lange Zeit dauert, wie das Wort Pauli an Timotheus (2 Tim. 3, 14) „Du aber verharre bei dem, was du gelernt hast u. s. w.“. Abwarten ist die Mitte zwischen verharren und warten.

Welcher Unterschied ist zwischen Dürftigkeit, Armuth, Entsagung? Dürftigkeit ist das Nichtvorhandensein alles dessen was dem Menschen nöthig ist um sein Bedürfniss zu stillen; Entsagung ist ein ausgezeichnetes Ertragen in allen Nöthen wie das des Abbâ Arsenius [1]) und seiner Genossen; Armuth ist die Leere und das Fernsein von Allem was in dieser Welt ist wie die Johannis des Täufers und des Abbâ Markos Tarmqâjâ. [2])

1) Ueber Arsenius, den Erzieher der späteren Kaiser Arcadius und Honorius vgl. Land Anecdota III 192.

2) Ueber Abbâ Markos und seinen Aufenthalt auf dem Hügel Tarmqâ in Aegypten vgl. Wright Catalogue II 782. 882. III 1123. 1142.

Welcher Unterschied ist zwischen Handlung und That? Eine Handlung ist dasjenige was nicht länger bleibt wenn der Handelnde damit aufgelöst hat, wie der Flötenspieler oder Tänzer oder Läufer oder das Walken; eine That aber ist das was lange bestehen bleibt nachdem der Thäter damit aufgehört hat, wie ein Haus, das vom Architecten gebaut wird, oder der Sessel vom Tischler.[1])

Welcher Unterschied ist zwischen Erlösung, Erhaltung, Bewahrung, Errettung, Entrückung? Erlöst wurden die Kinder Israel durch Moses aus der Knechtschaft der Aegypter; bewahrt wurden die Niniviten vor dem Untergange auf Grund des Gebets welches sie erhoben durch Jonas; Erhaltung ist die Veranstaltung, welche Jemandem zu Theil wird, der in Mitten von Gefahren ist, wie die Arche Noah, welche die Ursache der Erhaltung seiner Angehörigen war; Errettung ist die Versetzung aus der Enge in die Weite und aus dem Mangel in die Fülle, wie z. B. Kaufleute, die auf dem Schiffe in Mitten des aufgeregten Meeres umhergeworfen werden und durch Gottes Hülfe zum Hafen gelangen und ohne Schaden zu leiden gerettet werden; Entrückung ist die Versetzung von der Stufe des Leibeslebens auf die des Seelenlebens und von der des Seelenlebens auf die des Geisteslebens durch Einsiedlertum.

Frage: welcher Unterschied ist zwischen Missfallen, Missbilligung, Tadel und Vorwürfen? Antwort. Missfallen findet in Gedanken statt, wobei der, dem die Missbilligung gilt, nicht nahe ist; Missbilligung, Tadel und Vorwürfe durch Worte, wobei eine Person der andern gegenübersteht; nur ist Tadel härter als Missbilligung, weil die Missbilligung in liebevoller Absicht geschieht und im Verborgenen, Tadel aber mit Härte und offen vor den Menschen. Vorwürfe sind noch härter als Tadel, weil sie das Gemüth verletzen und das Herz leiden

1) Die Herkunft dieser Synonymik zeigt Bekker 665. vgl. 670. *διαφέρεται δὲ ἡ πρακτικὴ τῆς ἀποτελεστικῆς, ὅτι ἡ μὲν πρακτικὴ ἐν τῷ πράττεσθαι ἔχει τὴν ὕπαρξιν· μετὰ γὰρ τὸ πρᾶγμα οὐκ ἔστιν, ὡς ἡ ὀρχηστικὴ ἐν τῷ ὀρχεῖσθαι ἔστιν καὶ ὑπάρχει· ἐὰν γὰρ παύσηται ὁ ὀρχούμενος, σὺν αὐτῷ καὶ τὰ τῆς ὑπάρξεως ἀποπαύεται, καὶ οὐκ ἔστιν ἔτι ἡ ὄρχησις· ἡ δὲ ἀποτελεστικὴ μετὰ τὸ πρᾶγμα ἔχει τὰ ἀποτελούμενα, ὡς ἐπὶ τῆς χαλκευτικῆς· μετὰ γὰρ τὸ ἀποτελέσαι τὸν χαλκέα τὴν ξέστιν θεώρουμεν τὸ ἀποτελούμενον, λέγω δὴ τὴν ξέστιν.*

machen. Hierher gehört das Wort des Apostels an Timotheus (I. 5. 20): „Wer da sündigt, er sei wer er wolle, den tadle und mach ihm Vorwürfe“; ferner (Matth. 18. 15 ff.): „Tadle den Sünder vor zwei und drei Zeugen, und wenn er sich nicht von seinem bösen Wege wendet, so mach ihm Vorwürfe vor der ganzen Gemeinschaft“.

Welcher Unterschied ist zwischen anschuldigen und anklagen? Anschuldigen bezeichnet eine Schmähung begangener Thaten oder Worte wegen und zwar grösstentheils während der Angeschuldigte abwesend ist; die Anklage, während der Verklagte gegenwärtig ist.

Welcher Unterschied ist zwischen Meinung und Glauben? Wir behaupten dass der Glaube der Wahrheit näher kommt als die Meinung. — Welcher Unterschied ist zwischen offenbaren und aufzeigen? Wir behaupten: offenbaren wird von dem gebraucht, was verborgen war und dann offenbart wurde; aufzeigen auch von dem was offenbar war. — ܠܫܢܝ̈ܢ ∴ ܠܫܢܝܢ (für ܠܫܢܝܢ). ܠܫܢ̈ܐ bezeichnet viele verschiedene Sprachen; ܠܫܢܝ (beredt) ist Einer, welcher immer derselbe bleibt, wie ein Aramäer oder Hebräer. — ܣܗ̈ܕܐ sind solche die den Zeugentod starben. — „Geöffnet“ werden Bücher, Augen und Ohren.[1]) ܫܕܐ (werfen) hat im Paʿel die Bedeutung des Wiederholten. — ܣܗܕ wird im Pʿal gebraucht, wenn Jemand aus freien Stücken Zeugniss ablegt, ohne von Andern dazu gerufen zu sein; im Afʿel wenn er von Anderen zum Zeugniss gerufen ist. ܚܕ̈ܝܐ sind solche die sich freuen und andere erfreuen; ܚܕܝܐ braucht man z. B. von einem solchen der in seinem Zeitalter einzig an Gelehrsamkeit ist. — ܛܟܣ (ordnen) hat im Afʿel die Bedeutung des Einmaligen, im Ethpaʿal und Paʿel die des Wiederholten. — ܢܚܒܫ (verschliessen) im Ethpe. einmal, im Ethpa. öfter. — ܐܬܬܕܟܪ das öftere sich erinnern. ܐܬܕܟܪ das einmalige. — ܩܪܒܢܝ (es kam an mich) Etwas, das mir nahe war und mich

1) Der Text ist unvollständig; vgl. Z. d. D. M. G. XXXII, 761.

berührte, wie das Kleid den Körper: ܡܩܪܒܐ Etwas, das fern war und sodann herangebracht wurde, wie eine Belohnung welche erwartet wurde, oder ein Gerücht. — ܐܪܦܐ wird gebraucht von dem was Jemand aus der Hand oder dem Herzen entlässt: ܣܛܝܐ ist das Abbiegen von der Gesammtheit zur Vereinzelung. ܚܣܪ heisst einen andern Mangel leiden lassen; ܡܚܣܪ (er schadet) sich selbst ohne sein Wissen. ܐܬܟܪܟ einmal umhergehen: ܐܬܟܪܟܟ wiederholte Male, und auch vom Eingehüllt-werden in Kleider . . . .

Zu Ende ist die Grammatik, welche der Katholikos Mār Elias verfasst hat.

Leipzig,
Druck von Hundertstund & Pries.

ܠܡܣܟ ܕܠܐܠܝܢ ܣܢܐ ܗܠܐ ܕܡܫܡܠܝܢܘܬܗ ܡܫܪܚܝܢ ܡܫܪܝܢܐ ܦܝܢܐ ܕܐܣܬܝܡ ܡܫܡܠܝܢܘܬܗ ܕܐܦܢ ܕܐܠܐܦܝܢ ܗ ܕܝܢ ܠܡܫܡܠܝܢ ܕܠܡܫܡܠ ܡܫܝܠܢܗ ܕܡܫܡܠܠܬ ܡܫܟܚܐ ܐܘܡܐ ܡܫܪܝܐ ܕܢܐ ܠܗ ܐܪܬܐ ܠܟܫܐ ܕܡܠܬܐ ܡܫܬܡܫܐ ܕܠܡܫܠܡ ܡܫܪܫܘܗ ܠܡܫܘܐ ܡܬܡܢܢܐ. ܐܠܥܠܝܗ ܕܐܡܫܠܝܢ ܕܝܢ ܡܐܡܪ̈ܐ ܐܠܗ ܡܠܡܫ ܠܗܠܐ ܩܘܫܐ ܡܫܬܡܠܐ ܡܫܡܠܝܢ ܡܢ ܡܫܡܠܝܢ ܡܘܕܐ ܡܫܠܡ ܐܦܢܗ ܕܡܫܡܫܐ ܡܫܪܝܐ ܡܫܪܝܐ ܕܡܫܝܢ.. ܕ.. ܡܗ ܡܫܡܠ ܡܫܠܡ ܡܫܡܠ. ܘܠܐܠܗܐ ܗܡܫܡܐ ܕܐܡܫܪܐ ܡܫܪܝܢܐ ܡܫܝܪܬܐ ܐܝܟ ܕܐܡܫܢ܀

ܬܘܪܨ ܦܘ̈ܕܐ ܕܡܢ ܡܛܒܥܢܘܬܐ

ܕܦܐ	ܣܛܪ̈ܐ	ܦܘܕܐ	ܬܘܪܨܐ
ܝܛ	9	ܡܫܠܡܢܐ	ܡܫܡܠܢܐ
ܡܗ	1	ܕܡܫܡܗ	ܡܫܡܫܗ
—	19	ܘܠܡܠܠܗ	ܘܠܡܠܠܠܗ
ܡܚ	6	ܗܡܠ	ܗܢܠ
ܢܒ	1	ܡܫܪܝܐ	ܡܫܪܝܐ
ܢܛ	6	ܡܠܠܕܟܡܐ	ܡܠܠܕܡܢܐ
—	16	ܡܠܠܠܡܠܠܬܐ	ܡܠܠܠܐܡܠܠܬܐ
ܣܐ	7	ܕܗ̈ܝܢ	ܗ̈ܘܝܢ
ܥ	13	l.fo	fol.
ܦܗ	11	ܐܡܫܠܝܢ	ܡܫܡܫܠܝܢ
ܦܚ	14	ܕܠܘܐ	ܠܘܐ

(1 ܦܬܚܝ ܡܫܘܚܠܐ ܟܗܢܐ ܐܢܫܝܢ ܠܐܢܫܐ.. ܐܣܘܪܝܢ. ܘܐܬܚܪܡ ܦܬܚܝ ܐܣܪܘ. ܟܠܘܕ ܕܟܬܒܬ ܗܕܐ ܘܐܬܚܪܡ.. ܐܢܫܐ ܕܝܢ. ܟܬܒܬܟ ܐܟܘ ܟܠܘܕ ܕܚܠܐ ܗܕܐ..

ܝܘܚܢܢ.. ܝܘܚܢܢ.. ܢܘܚܢܢ.. ܘ.. ܝܘܚܢܐ ܩܕܝܫܐ ܘܫܡܥܘܢܐ (2 ܝܘܚܢܢ ܕܝܢ. ܡܢ ܐܣܪܘ. ܗܘ ܕܠܐ ܫܠܐ ܡܫܡܥ ܐܡܪ ܐܦܪܝܡ ܘܫܟܝܢܐ.. ܝܫܘܥܢܘܪܝܢ.. ܘ.. ܫܡܫܘܢܢܝܢ.. ܫܡܫܘܢܢܝܢ.. ܘ.. ܩܕܝܫܐ. ܘܫܩܝܐ. ܘܐܪܩܐ.. ܫܡܝܢ.. ܘ.. ܡܠܐܟܐ ܩܕܝܫܐ.. ܝܫܡܥܘܢ.. ܒܝܬ ܠܥܡܪܗܘܢ ܡܢ ܠܐ ܫܪܝܢ ܒܝܬ ܐܠܗܐ ܠܡܥܡܪܗܘܢ.. ܢܫܡܥܘܢ ܒܝܬ ܐܣܝܘܬܐ ܫܪܝܢ ܠܡܥܡܪܗ. ܡܠܐܟܐ ܐܠܝܢ ܐܝܠܝܢ ܕܫܪܝܢ ܒܝܬ ܠܥܡܪܗܘܢ ܘܫܘܪܝܢ ܠܐܣܝܘܬܐ. ܡܠܐܟܐ.. ܐܠܝܢ. ܐܡܪ ܐܠܗܐ ܕܐܣܪܘܗܝ ܡܠܟܐ ܫܡܫܐܠܐ ܫܪܝܗ. ܦܬܚܝܢ ܡܪܐ ܘܫܡܝܐ ܐܝܠܝܢ.. ܒܬܚܝܢ.. ܘ.. ܘܫܡܝܐ ܡܠܐܟܐ.. ܠܟܝܢܟܘܢ ܡܪܐ (3 ܘܫܡܝܐ. ܝܟܝܢܟܘܢ. ܘܫܡܝܐ ܡܠܐܟܐ.. ܐܢܫܘܢ (4 ܘܫܠܝܛ ܩܕܝܫܐ. ܐܠܗܘܬܟ ܡܪܐ ܘܫܡܝܐ.. ܦܬܚܝܢܘܢ ܟܠܘܕ ܕܟܠܘܕ ܗܕܐ ܠܗ ܘܐܬܚܪܡ ܟܠ ܐܡܪ ܫܡܫܐܠܐ ܠܐܢܫܐ. (5 ܦܬܚܝܢܘܢ ܟܠܘܕ ܕܐܣܪܘ ܗܕܐ ܘܟܠܗܘܢ ܐܠܗܝܢ ܐܡܪ ܩܕܝܫܐ ܘܫܡܝܐ ܐܘ ܒܢܝܐ.. ܐܢܬ ܟܠܘܕ ܕܫܡܫ ܐܠܗܐ ܒܝܬ ܐܡܪܘܗܝ ܐܘ ܒܝܬ ܫܡܫ.. ܩܕܝܫܐ ܒܝܬ ܡܠܐܟܘܬܐ ܠܟܠ ܟܠܘܕܡܫܘܬܐ.. ܦܬܚܝܢ ܠܐܣܝܘܬܐ.. ܒܦܬܚܝܢ ܗܘ ܠܗ ܟܠܐ ܡܪܢܢ.. ܐܠܗܘܬ ܡܪܐ ܘܫܡܝܐ܀ ܐܬܦܬܚܘ ܘܫܡܝܐ ܩܕܝܫܐ.. ܫܡܫܐ ܫܘܒܚܐ ܘܩܕܝܫܐ܀

ܫܠܡ ܟܬܒܐ ܕܐܦܘܬܝܩܘܣ ܕܟܬܒ ܝܘܚܢܢ ܫܠܝܚܐ ܘܐܘܢܓܠܝܣܛܐ

1) Ms. ܒܬܚܝ.

2) Ms. ܝܘܚܢܢ.

3) Das Wort hat im Ms. die Pluralzeichen.

4) Ms. ܘܫܠܝܛ.

5) lies ܦܬܚܝܢܘܢ.

ܘܡܬܬܩܪܝܢ ܩܠܝܡܝܐ ܡܢ ܗܢܐ ܥܡܝܐ. ܘܡܬܩܪܝܢ ܡܬܘܡܠܝܢ ܘܐܚܪܢܐ ܐܚܪܢܐ ܠܗܠܝܢ ܕܡܬܩܪܝܢ ܡܢ ܠܐ ܡܬܩܪܝܢ.. ܗܟܢܐ ܐܡܪܝܢ: ܗܟܢܐ ܕܝܢ ܡܢܗܘܢ ܕܡܬܩܪܝܢ ܠܟܝܡܝܐ ܘܠܩܠܝܡܝܬܐ ܘܒܝܢܝ ܠܩܠܝܡܝܬܐ ܡܬܩܪܝܬܐ ܩܘܒܝܐ ܘܩܢܘܡܝܬܐ.

[1] ܩܘܒܝܐ. ܗܢܘ ܕܝܢ ܟܪܝܟܐ ܡܬܩܪܐ ܠܚܠܩܝܕܘܢܝܬܐ ܠܡܕܡ ܡܬܩܪܐ [2] ܡܘܣܝܐ ܐܡܪܝܢ: ܩܠܝܡܝܬܐ ܡܢ ܠܐ ܩܪܝܢ ܠܗ ܗܢܘ ܘܡܬܩܪܝܐ: ܘܩܪܝܡܝܬܐ ܘܩܠܝܡܝܬܐ ܩܕܡ ܡܢܗܘܢ ܗܕܐ ܡܢ ܩܪܝܢ ܩܪܝܡܝܐ ܠܩܪܡܝܐ: ܩܪܝܢ ܙܪܢܝܟ: ܡܬܩܪܝܬܐ ܡܢܗ ܩܝܡܐ ܕܝܢ ܡܓܢܝܣܝܬܐ: ܩܪܝܢ [3] ܘܡܓܢܝܣܝܬܐ ܡܬܩܪܝܐ ܗܝܕܝܢ ܘܩܠܝܡܝܐ: ܘܩܠܝܡܝܬܐ ܩܪܝܡܝܐ ܘܟܝܡܝܐ ܠܟܝܡܝܐ [4] ܩܠܝܡܝܐ ܘܩܠܝܡܝܐ ܡܢܗ ܗܘܐ ܒܝܢܝ ܩܠܝܡܝܬܐ ܩܪܝܡܝܐ ܘܙܪܢܝܟ ܠܩܠܝܡܝܐ ܘܡܬܩܪܝܐ ܠܟܠܗܘܢ: ܘܗܕܐ ܗܟܢܐ ܐܡܪ ܡܢܗ: ܗܟܢܐ ܠܡܬܩܪܝܢ: ܘܐܡܠܐ ܠܟܠ ܘܩܠܝܡܝܐ: ܡܢ ܡܠܐ ܐܝܟ ܘܩܪܝܡܝܐ: ܘܠܐܚܪܢ ܘܡܢ. ܘܡܬܩܪܐ ܐܝܟ ܠܡܬܩܪܝܬܐ ܡܢ ܠܗܘܢ ܘܟܠܗܝܢ ܡܬܩܪܝܢ. ܘܠܐ ܠܐ (fol. 228a) ܗܟܢܐ [1] ܒܝܢܝ ܐܡܪܝܢ ܩܠܝܡܝܬܐ. ܩܠܝܡܝܬܐ ܩܪܝܢ ܡܢ ܗܟܢܐ..

ܒܝܢܝ ܩܠܝܡܝܐ ܐܡܪ ܩܪܐ ܗܟܢܐ ܠܡܬܩܪܝܢܐ.. ܗܟܢܐ ܐܡܪܝܢ. ܘܡܢܗ ܠܟܠ ܐܝܟ ܡܬܩܪܝܬܐ ܘܐܡܪܝܢ ܐܘ ܐܬܡܬܩܪܝܢ.. ܘܗܕܐ ܐܝܟ ܘܡܬܩܪܝܢܐ ܡܢ ܩܪܝܢ ܡܬܩܪܝܢܝܬܐ ܗܕܐ.. ܡܬܩܪܝܢܝܐ ܘܡܢ. ܡܢ ܩܪܝܢ [5] ܡܬܩܪܝܢܝܬܐ..

ܒܝܢܝ ܩܠܝܡܝܐ ܩܪܐ ܡܬܩܪܝܬܐ ܠܡܬܩܪܝܬܐ.. ܐܡܪܝܢ ܘܡܬܩܪܝܬܐ ܡܢܗ ܩܪܝܡܝܐ ܠܟܪܝܟܐ ܒܝܢܝ ܡܬܩܪܝܬܐ..

---

1) Ms. ܩܘܒܐ und nachher ܩܘܒܝ.

2) Ms. ܕܡܘܣܝܐ.

3) M ܡܓܢܝܣܝܬܐ.

4) Ms. ܒܝܢܝ.

5) lies ܡܬܩܪܝܢܝܬܐ.

ܥܢܝ ܡܘܪܩܠܐ ܡܛܠ ܥܘܐ ܢܡܫܪܘ ܠܐܝܪ. ܡܫܪܘ ܐܡܪܘ. ܢܫ̈ ܡܫܪܐ ܘܥܠܐ ܐܝܟ [1]ܐܥܪܘܡܠܝ.. ܡܘܐ ܘܒܝ. ܢܫ̈ ܡܫܪܐ ܕܐܝܠܐ ܬܒܠܐ. ܐܝܟ ܗܘ ܘܡܢܠܡܘܣ ܢܡܘܢ ܒܡܥܬܪܘܣ. ܐܠܐ ܘܒܝ ܥܘܐ ܥܠܡܢܝ ܘܡܠܝܢ ܡܗܪ.. ܐܝܪ. ܐܡܪܗܘܢ: ܥܢܘܬܐ ܡܛܠ ܥܘܐ ܠܡܫܪܘ..

ܥܢܝ ܡܘܪܩܠܐ ܡܛܠ ܥܢܘܬܗܘܢܐ.. ܒܡܥܢܝܬܐ ܠܡܫܡܫܢ̈. ܥܢܘܬܗܘܢܐ ܐܡܪܝܢ: ܡܫܡܫܢܐ ܘܥܢܝ ܥܠܡ̈ܐ ܐܠܗܝ ܘܡܢܥܠܝ ܠܐܠܗ ܢܥܢܝܢ ܡܠܡܫܢ.. ܐܦ ܥܡܫܠܢܝܬܐ ܐܡܪܝܢ: ܥܡܫܡܫܢܘܬܐ ܡܢܗܘܢ ܘܥܡܠ ܢ̈ܥܢܐ ܐܝܟ ܘܐܦܐ ܐܠܝܠܡܘܢ ܡܥܢܝ.. ܥܡܫܡܫܢܐ ܐܡܪܝܢ: ܡܥܘܬܐ ܒܡܫܡܫܢܘܬܐ ܘܥܢܝ ܥܠܡܝ ܐܠܗܝ ܘܡܢܥܠܢܐ ܗܠܐ. ܐܝܟ ܗܢ ܘܡܥܠܝ ܥܢܢܝ.. ܒܐܝܟ ܐܦܐ ܥܢܘܬܗܘܢ ܠܡܫܡܫܢܘܬܐ.

ܥܢܝ ܡܘܪܩܠܐ ܡܛܠ ܡܫܝܚܘܬܐ ܠܠܥܠܡܐ.. ܡܫܝܚܘܬܐ [1]ܐܡܪܗܘܢ: (fol. b. ܗܘ ܘܠܐ ܥܢܢܢܐ ܥܡ ܟܠܐ ܥܢܠܗ ܡܫܝܚܐ. ܐܝܟ ܥܢܝ ܘܐܥܢܝ ܥܠܡܡܡܐ ܐܘ ܢܦܫܐ ܐܘ ܢܦܫܐ ܥܡܢܝܬܐ ܐܘ ܦܓܪܢܝܬܐ. ܠܥܠܡܐ ܐܡܪܝܢ: ܗܘ ܘܥܠܡܢܐ ܡܛܠ ܘܟܠܐ ܥܢܠܗ ܠܡܥܠܗ ܐܝܠܐ ܒܬܒܠܐ ܐܝܟ ܡܥܢܐ ܘܥܢܝܬܐ ܥܢܝ ܐܘܪܥܐ. ܡܫܝܚܘܬܐ ܥܢܝ ܠܝܬܐ..

[2]ܥܢܝ ܡܢ ܐܢܐ ܡܛܠ ܡܘܪܩܠܐ ܠܡܫܝܚܘܬܐ ܠܡܘܪܝܐ ܠܡܫܝܚܝܐ ܠܝܬܝܐ.. ܡܘܪܩܠܐ ܐܡܪܝܢ: ܐܝܟ ܗܢ ܘܥܡܢ ܡܫܝܚܘ̈ ܥܠܡܝܢ ܥܢܘܬܐ ܥܢܝ ܠܡܫܝܚܘܬܐ ܘܥܢܝܬܐ.. ܡܘܪܝܐ ܐܡܪܗܘܢ: ܐܝܟ ܘܡܫܝܚ ܡܠܝܢ ܠܡܠܟܐ ܥܢܝ ܗܘܡܢܐ [3]ܘܠܡܠܐ ܥܡ ܠܠܢܐ ܘܡܥܢܘܬܐ ܘܐܡܫܠܢ: [4]ܗܘܐܢܐ ܐܡܪܗܘܢ ܡܘܪܐ ܘܥܢܝܢ ܠܐܠܗ ܘܥܢܠܗ̈ ܥܠܡܢܐ. ܐܝܟ ܡܫܘܬܐ ܘܠܗ ܘܡܫܝܚ ܠܠܢܐ ܘܗܘܐ ܘܥܢܝ ܥܡܢܗ.. ܡܥܠܝܐ ܐܡܪܝܢ: ܗܠܡܐ ܘܥܢܝ ܠܥܠܐ ܠܡܘܪܝܐ ܘܥܢܝ ܡܠܡܫܢܘܬܐ ܠܡܫܝܚܘܬܐ.. ܘܐܝܟ ܠܡܫܝܚܐ

1) Dies Wort oder vorhin ܐܡܪܗܘܢ ist zu streichen.

2) Ms. ܥܢܝ.

3) Ms. mit Pluralzeichen.

4) So Ms.

ܥܩܪ ܒܘܫܡܐ ܥܡܝ ܣܘܪܝܐ (¹ܠܣܘܪܝܐ ܠܥܡܘܡܠܐ.. ܣܘܪܝܐ ܐܡܪܝܢ ܗܘ ܕܟܢܘܫܬܐ ܥܡܘܩܐ ܕܐܝܬ ܠܗ. ܐܝܟ ܟܢܘܫܝܐ ܥܡܩܬܗ ܘܥܡܩܬܐ ܥܡܩܬܗ.. ܗܪܘܬܐ ܐܡܪܝܢ ܗܘ ܕܥܡܩܬܗ ܥܡܘܩܐ ܕܥܡܩ ܠܗ. ܐܝܟ ܟܚܘܐ ܕܥܡܩܬܗ ܥܡܝ ܕܥܘܗ.. ܬܪܬܝܢ ܐܡܪܝܢ: ܗܘ ܕܪܚܝܩ ܥܠܬܗ ܘܥܡܩܬܗ ܘܥܡܩܬܗ ܠܐ (²ܗܠܐ.. ܥܢܬܐ ܐܡܪܝܢ: ܗܘ (³ܕܫܝܚܐ ܥܡܗ ܘܥܢܬܐ. ܘܥܠܝܗ ܠܥܠܡ ܥܩܪܗ ܘܥܡܩܬܗ ܐܝܟ ܕܟܠܗ ܥܢܬܐ ܗܘ..

ܥܩܪ ܒܘܫܡܐ ܥܡܝ ܕܫܒܬܐ ܠܥܡܩܬܐ.. ܕܫܒܬܐ ܐܡܪܝܢ: ܕܠܘܬܐ ܐܠܗ ܥܡܩܬܐ (fol. 227a) ܐܝܟ ܕܐܝܬܐ.. (¹ܘܥܡܩܬܐ ܐܡܪܝܢ: ܗܘ ܕܥܡܩܐ ܥܢܬܐ ܥܡܝ ܥܡܩܬܐ ܘܥܡܩܬܐ. ܘܥܢܬܐ ܥܡܩܬܐ ܥܡܩܬܐ ܘܗܘܝܢ ܥܢܬܐ..

ܥܩܪ ܒܘܫܡܐ ܥܡܝ ܚܘܪܬܐ ܠܥܘܪܣܬܐ ܠܘܪܐ. ܠܘܪܐ.. ܚܘܪܬܐ ܐܡܪܝܢ ܥܡܩܐ.. ܥܘܪܣܬܐ ܕܡܢ ܥܠܡܐ.. ܕܗܘܐ ܥܡܝ ܕܫܒܐ.. ܬܪܬܝܢ ܥܡܝ ܥܡܩܬܐ ܐܝܟ ܐܠܗ ܕܥܢܬܐ ܬܪܬܝܢ ܠܥܡܝ ܘܬܪܝܢ ܥܡܩܬܗ ܐܘ ܬܪܬܝܢ ܕܥܢܬܐ ܥܡܩܐ ܥܡܩܬܐ ܕܥܠܡܗ..

ܥܩܪ ܒܘܫܡܐ ܥܡܝ ܥܢܬܘܪܝܢ ܠܥܢܬܘܪܝܢ.. ܥܢܬܘܪܝܢ ܐܡܪ̈ܝܢ: ܥܢܬܘܪܝܢ ܠܥܡܩܬܐ ܘܐܝܬܝܗ ܠܗ ܥܡܩܬܗ.. ܥܢܬܘܪܝܢ ܐܡܪܝܢ ܥܢܬܘܪܝܢ ܠܥܡܩܬܐ ܘܥܡܩܬܐ ܠܗ ܥܡܩܬܐ ܠܥܡܩܐ..

ܥܩܪ ܒܘܫܡܐ ܥܡܝ ܠܒܢܐ (⁵ܠܠܒܘܢܬܐ.. ܠܒܢܐ ܐܡܪܝܢ: ܐܝܟ ܕܥܠܡܐ ܐܝܟ ܗܘ ܕܡܢܗܘܢ ܟܠ ܥܡܩܐ.. ܥܘܪܬܐ ܕܡܢ ܐܢܬܘܢ ܕܥܠܡܐ ܐܝܟ ܐܠܗ ܕܡܢ ܥܠܡܝܢ ܘܬܪܝܢܝܢ ܘܥܠܡܝܢ ܘܥܡܩܐ ܠܗ ܠܥܠܡܝܢ.. ܥܠܡܐ ܐܡܪܝܢ. ܗܢܐ ܕܥܠܡܐ ܕܠܗ ܠܗ ܥܡܩܐ ܠܥܡܐ ܠܥܡܩܬܐ ܐܝܟ ܥܠܡܐ ܕܥܘܬܐ..

1) erg. ܠܥܡܩܬܐ.

2) Das Gâmal ist im Ms. kaum vom ʿAin zu unterscheiden, doch scheint letzteres hier in der That zu stehen.

3) Ms ܕܫܝܚܐ.

4) Das Bêth steht im Ms. zwischen den Zeilen.

5) erg. ܠܒܢܐ.

ܡܬܬܐܡܪܢܘܬܐ ܘܕܝܠܝܬܗ [1] ܡܬܬܐܡܪܢܘܬܐ ܡܬܬܚܫܒܢܘܬܐ ܗܝ ܕܠܘܬ ܒܢܝ ܥܠ ܦܘܪܫ. ܐܝܟ ܡܫܪܝܢܘܬܗ ܥܒܕܘܬܗ ܦܘܪܫܢܗ ܡܛܠܬܗ ܘܒܗ.. ܘܥܠ ܗܢܘ ܡܬܚܫܒܢܘܬܐ ܕܗܘܬ ܡܦܪܫܢܐ ܗܟܢܐ ܕܥܒܕܘܗ ܗܘܐ ܒܢܝ ܗܠܝܢ ܚܝܠܗ ܡܫܘܕܥܢܐ ܐܦ ܗܕܡܝ ܐܘܣܟܡܐ ܐܘ ܦܘܫܩܐ ܡܦܪܫܢܝܬܐ ܡܬܦܪܫܢܝܬܐ. ܐܝܟ ܠܫܡܐ ܡܦܪܫܢܐ ܡܦܪܫܐ ܡܦܪܫܐ ܡܦܪܫܐ ܘܥܠ ܕܥܒܕܢܐ ܐܢܫܐ.. ܐܠܘܝ ܐܬܘܬܐ ܕܩܪܐ ܗܘܐ ܠܗ. ܕܥܠܕܐ ܗܕܐ ܠܗܘܐ ܐܡܬܐ ܐܘ ܦܘܫܩܐ ܡܬܚܫܒܢܐ ܗܘ ܕܥܒܕܗ ܒܢܝ ܥܠ ܦܘܪܫ. ܐܟܠ ܦܘܪܫܢܐ ܕܟܝܢܐ ܘܕܘܒܪܐ: ܐܠܘܝ ܡܦܘܪܫ ܗܘܐ ܠܗ ܠܗܘܐ ܘ ܡܬܚܫܒܢܬܐ ܐܘ ܡܬܚܫܒܢܐ ܡܬܦܪܫܢܝܬܐ ܡܬܚܫܒܢܐ ܠܗ ܕܥܒܕܗ. ܐܝܟ ܕܟܢܫܬܐ ܡܦܪܫܬܐ [2] ܕܟܝܢܬܐ ܡܬܡܠܠܢܝܬܐ ܡܬܒܪܝܢܝܬܐ ܡܦܪܫܢܝܬܐ ܠܡܦܪܫܬܐ.. ܗܟܢܐ ܡܢ ܕܥܡܗܐ ܗܢܘ ܠܟܠ ܕܒܗ ܠܗ ܐܡܠܐ ܕܚܢܢ ܡܬܚܫܒܢܐ.. ܘܗܟ. ܕܝܢ. ܡܢ ܦܘܪܫܢܐ. ܠܗ ܠܫܡܗܐ ܐܘ ܠܗ ܕܡܪܝܬܐ ܡܦܪܫ ܡܬܚܫܒܢܐ.. ܘܐܡܪܐ ܡܢ ܕܥܡܗܐ ܡܢ ܟܠ ܚܕ ܠܗ ܗܘܝܘܬܐ ܡܬܚܫܒܢܐ ܐܝܟ ܗܘ ܕܐܡܪܐ ܠܒܝܫܝ ܠܡܦܪܫܬܐ ܘܡܗܝܡܢ ܗܘܒ ܠܗܘܢ ܐܡܪܐ.. [3] ܘܐܝܟ ܚܕܐ ܡܢ ܦܘܪܫܢܐ.. ܗܕܐ ܕܒܝܬ ܠܡܫܚܐ ܘܡܫܠܡܬܐ ܡܫܡܫܢܝܬܐ. ܐܝܟ ܐܠܗ ܠܐܢܫ. ܡܛܠܗ ܕܥܠܝ [4] ܐܝܟ ܚܕܐ ܒܢܝ [5] ܡܢܬܘܬܗ ܕܥܠܝ ܐܢܫܘܬܗ.. ܐܢܫܐ ܡܢ ܕܥܡܗܐ ܡܢ ܟܠ [6] ܚܕ ܐܝܟ ܠܡܫܡܫܢܐ ܡܬܚܫܒܢܐ ܡܫܡܫܢܐ ܐܝܠܝܢ ܟܠ ܗܠܝܢ ܡܦܪܫ ܐܢܫܐ ܕܥܠܝ ܘܥܠܝ.. ܘܐܝܟ ܐܠܐ ܡܢ ܦܘܪܫܐ ܐܢܫ ܒܢܝ [7] ܚܕ.. ܗܕܐ ܐܝܟ ܕܡܘܥܕܐ ܠܡܫܡܫܢܐ. ܐܝܟ ܐܠܗ ܠܐܢܫ ܕܐܪܥ ܕܠܒܫ ܠܡܬܚܫܒܢܐ ܠܡܠܠܘ ܐܝܟ ܐܠܐ ܐܘܡܢܐ ܠܗܘܐ ܕܐܝܬ ܠܗܘ..

1) Ms. ܡܬܬܐܡܪܢܘܬܐ; vorher hat vielleicht auf dem jetzt überklebten Rande des Ms. das Wort ܐܬܘܬܐ gestanden.

2) So Ms. für ܡܬܡܠܠܢܝܬܐ.

3) Ms. ܘܐܡܪܐ.

4) Ms. ܐܡܪܐ.

5) Die Pluralpunkte fehlen im Ms.

6) lies ܐܢ.

7) lies ܗܘ.

[illegible] (fol. b.) [illegible]

1) Im Ms. über der Zeile.

2) Ergänze [illegible] oder lies [illegible].

3) Das Rês steht im Ms. über der Zeile.

4) Ms. [illegible].

5) Das Ṣâde steht im Ms. über der Zeile.

6) Ergänze [illegible].

ܕܡܬܩܪܐ ܐܣܬܡܟܘ ܦܘܫܩܐ ܕܡܬܬܣܝܡ ܗܟܢܐ ܗܘ. (ܐܬܦܩܕ[1] (fol. b. ܕܡܬܦܩܕ.. ܗܐ.. ܕܝܢ.. ܗܟܢ.. ܡܟܝܠ.. ܐܡܪ ܡܬܬܥܝܪܢܘܬܐ ܕܗܘܐ ܠܘܬ ܐܣܬܡܟܘܬܐ. ܐܘ ܡܢ ܕܒܐ ܐܢܐ ܕܐܬܐ[2] ܠܡܫܪܐ ܐܠܐ.. ܠܘܬ ܐܣܬܡܟܘܬܐ.. ܠܗܠܝܢ ܐܝܟ ܠܫܡܫ ܟܠ ܥܘܠܡܐ ܕܥܠܡ ܠܡܣܬܟܠܘ ܕܟܠ ܕܡܛܠ ܐܝܟ ܐܬܬܚܝܠܬܐ ܘܡܬܬܥܝܪܢܘܬܐ ܕܡܬܬܐ.. ܘܐܝܟ ܠܡܫܪܐ[3] ܕܡܬܩܪܝܢ ܗܠܝܢ ܗܟܠ ܡܬܚܘܬܐ ܕܡܬܦܩܕܝܢ ܡܬܬܬܢܝܢ ܗܟܢܐ ܘܡܬܬܥܝܪܝܢ ܡܬܬܚܝܠܢ ܗܠܝܢ ܕܠܬܠܬܐ. ܥܠܝܗܝܢ ܐܡܪ ܗܟܢܐ. ܕܝܠܢ ܐܡܪ ܡܬܚܝܠ.. ܗܠܝܢ ܕܝܢ ܕܡܘܫܐ ܠܬܠܬܐ ܐܢܝܢ ܕܗܠܝܢ.. ܘܕܘ ܕܟܠ ܡܬܚܝܠ ܕܡܫܘܚܐ ܡܛܠ ܕܝܢ ܐܬܬܠܝ ܕܚܫܒ ܐܡܪܢ ܠܡܬܬܥܝܪܐ ܐ(ܬ)ܬܩܪܝ.. ܘܗܢܘ ܡܬܦܩܕܝܢ.. ܐܬܦܐ.. ܐܬܦܠܛ.. ܐܬܬܘܡ.. ܐܬܬܥܝܪ.. ܐܬܦܬܚ.. ܐܬܪܝܡ. ܘܫܡ. ܗܠܝܢ ܘܕܐܝܟ ܗܠܝܢ ܡܬܚܫܒܢ ܐܬܬܠܝ ܠܡܬܬܥܝܪܐ ܡܬܬܠܝܢ.. ܐܠܐ ܐܝܟܢܐ ܥܠ ܡܬܦܥܠܐ ܕܗܘܐ ܡܬܦܥܠ. ܘ. ܘܡܬܬܢܝܢ ܥܡܐ ܘܡܬܬܢ ܥܡܐ ܐܬܬܠܝ ܡܬܬܐܝܬܝܠܕܐ ܡܬܦܩܕܐ ܗܘ ܥܡܐ ܡܢ ܥܠ ܦܘܩܕܢ. ܐܝܟ ܕܥܒܕܐ.. ܕܥܒܕܐ. ܗܟܢܐ ܗܠܝܢ ܘܕܐܝܟ ܗܠܝܢ ܕܗܘ ܥܡܐ ܡܬܬܠܝܢ.. ܠܗܘܢ ܐܝܟܢܐ ܕܡܬܬܥܝܪܝܢ ܥܡ ܡܢܝܢ ܐܝܟ ܥܢܝ̈ܐ ܡܬܬܠܝܢ.. ܐܟܠ ܐܬܠܝܢ. ܥܒܕ ܫܬܩܝܢ. ܥܠ ܡܬܦܥܠܐ ܕܠܐ ܗܘܐ ܥܡ ܟܠܗ ܥܡܐ ܘܡܬܬܢ ܡܬܬܠܝܢ ܡܢܗ.. ܘܕܘ ܐܘ ܦܘܩܕܐ ܕܟܠ ܡܬܚܝܠ ܕܐܡܪ ܥܡܘܪܐ ܡܢܗ ܐܘ ܟܠܗ ܡܬܦܥܠܝܢ ܠܗ ܠܡܢܗ. ܐܝܟ ܡܟܐ ܡܫܬܢ. ܡܟܐ. ܡܫܬܢ. ܡܟܐ ܡܫܬܢ. ܒܝܬܐ ܡܬܒܢܝܢ.. ܘܟܠ ܡܬܚܝܠ ܕܠܐ ܐܝܬ ܥܡܘܪܐ ܡܢܗ ܘܠܐ ܟܠܗ. ܡܬܦܥܠܝܢ ܠܡܢܗ ܐܝܟ ܥܢ̈ܐ ܡܬܬܠܝܢ. ܠܟܠ ܠܡܬܠܝܢ. ܘܒܬܪ ܡܬܬܬܢܝܢ. ܐܟܠ ܐܬܠܝܢ. ܬܟܠ ܬܬܠܝܢ. ܘܟܠ ܕܡܬܚܝܠ ܐܠܐ.. ܘܡܢ ܢܗܘܐ ܟܠܗ ܥܡܘܪܐ ܕܡܬܦܥܠܐ ܘܡܬܬܢ ܐܬܬܠܝ ܗܟܢܐ. ܡܬܦܥܠܝܢ ܠܗ ܠܡܢܗ. ܐܝܟ ܐܬܦܢܝ ܐܬܡܟܝܢ ܐܬܡܟܝܢ ܐܬܠܝܢ ܐܬܬܢܝ ܐܬܚܫܝ[4]. ܐܬܬܢܝ. ܘܐܦ ܠܗܘܐ ܥܡܘ ܗܠܝܢ ܐܘܟܠ ܐܬܬܠܝ ܘܐܬܝܕܥ. ܘܐܣܬܡܟܘ ܗܠܝܢ (fol. 226a) ܐܬܬܠܝ[5] ܡܬܬܡܟܝܢ ܥܡ ܗܘܝܢ

1) Im Ms. steht auf der folgenden Seite noch einmal ܐܬܦܩ.

2) Das Wort scheint überflüssig zu sein.

3) Im Ms. am Ende der Zeile ܕܟܠ.

4) Das He steht im Ms. über der Zeile.

5) lies ܡܬܬܡܟܝܢ.

[illegible]
[illegible]

[illegible] (fol. 225a) [illegible] [1] [illegible] [2] [illegible] [3] [illegible]

1) Die folgenden beiden Worte fehlen im Ms.

2) Das auf dies Wort folgende [illegible] ist vom Schreiber mit dem Tilgungszeichen versehen.

3) Ms. [illegible].

ܥܠܝܡܬܐ. ܗܕܐ (1 ܥܠܝܡܬܐ. ܒ.. ܗܘܝܐ.. ܕܝܢ ܠܗ ܠܥܠܡ ܘܥܠܡܝܢ
ܠܟܠܗܘܢ ܢܠܥܢܝܢ ܐܢܫܝܢ.. ܘܗܝܕܐ ܠܡܦܪܢܣܘ ܥܡܡܐ ܕܠܥܡܐ. ܥܘܕ ܥܡܠܢܐ
ܠܡܢܕܐ ܝܢܝܩܘܬܐ.. ܐܠܐ ܕܡܢ ܕܚܫܘܬܐ.. (fol. b) ܘܗܢܐ ܕܠܐ ܥܡܠ. ܗܕܐ
ܥܕܡܐ ܕܡܢܗ ܢܦܫܐ ܗܘܐ ܠܗܝ. ܘܗܢܐ ܥܘܬܐ (2 ܥܘܕܝ ܠܗ.. ܗܐ..
ܘܗܢܐ ܕܥܡܠ.. ܐܡܪ ܠܟܠܗܘܢ ܥܡܠܐ. ܡܢ.. ܥܡܠܐ.. ܗܐ ܐܥܒܕ ܕܟܠܗܐ.
ܘܗܢܐ ܥܠܡܐ ܘܥܡܠܐ ܦܘܠܚܢ ܠܗ.. ܡܢ܀ ܥܡܠܢܐ. ܐܡܪ ܥܡܠܢܘܬܗ..
ܡ.. ܥܘܡܪܐ.. ܠܗ ܠܟܠܗܘܢ ܥܠܡܝܢ ܠܐܢܫ ܘܥܡܠܝܢ ܥܡܠܐ ܘܐܢܐ (3 ܐܠܡܥܡܠ..
ܡܢ.. ܘܥܡܠܐ.. ܐܠܐ ܢܦܝܩ ܐܢܫ ܕܗܘܐ ܐܢܐ.. ܡܢ.. ܥܠܡܐ ܘܥܠܡܐ
ܐܝܟ ܡܐ ܕܐܡܪ ܐܦܝܦܢܝܘܣ.. ܡܢ.. ܥܡܠܢܘܬܐ. ܐܦܠܐ ܡܢܗ ܒܥܡܠܐ.. ܒܥܡܠܗܘܢ
ܠܥܠܡܐ ܥܘܕܝ. ܐܝܟ ܠܟܠܗܘܢ ܕܐܢܫܐ ܗܠܝܢ ܡܥܡܠܝܢ ܒܗ ܕܥܡܠܝܢ ܠܟܠܗܘܢ.
ܘܟܠ ܗܕܐ ܐܡܪ ܥܡܠ ܗܕܐ ܘܥܡܠܐ ܡܢܐ ܕܥܡܠܐ ܥܡܠܢܘܬܗ.. ܡܢ..
ܥܡܠܢܘܬܐ.. ܐܡܪܐ ܠܥܡܠ ܐܢܫܐ. ܘܥܡܠܢܘܬܐ ܠܗܝ ܠܥܡܠܐ ܠܟܠ ܡܢ
ܐܟܘܬܐ ܥܡܠܢܐ. ܡܢ.. ܥܡܠܐ.. ܒܥܡܠܝܢ ܥܡܠܘܬܗܘܢ.. ܥܡܠܢܐ ܥܡܠܗ
ܐܝܟ ܗܕܐ ܒܥܡܠܐ.. ܡܢ.. ܘܥܡܠܐ ܐܡܪܐ ܐܦܠܐ ܥܡܠܢܐ (4 ܐܡܪܐ ܘܠܐ
ܥܡܠܢܘܬܐ ܕܐܡܪ ܕܥܡܠ ܐܟܘ ܗܕܐ ܐܘ ܥܡܠܐ ܘܗܢܐ ܐܝܟ ܥܡܠܝ ܠܗ
ܘܥܡܠ ܥܡܠܐ ܐܢܫܐ.. ܘܐܡܪ ܥܡܠ.. ܗܐ.. ܐܢܫܐ ܘܥܡܠܐ ܠܟܠܗܘܢ
ܥܡܠܐ ܥܡܠܗ. ܢܥܡܠ: ܗܢܐ ܐܢܐ ܕܥܡܠ ܠܥܡܠܐ.. ܘܥܡܠ ܥܡܠܗ
ܥܡܠܢܘܬܐ. ܐܡܪܐ: ܕܐܦܐ ܢܥܡܠ.. ܗܥܡܠ ܥܡܠܐ.. ܥܡܠܢܘܬܗ ܥܡܠ
ܥܡܠܝܢ ܕܠܐ ܡܥܡܠܐ.. ܗܢܐ ܐܝܟ ܥܡܠܝ ܠܗ.. ܗܥܡܠ ܥܡܠܐ.. ܠܐ
ܥܡܠܐ.. ܗܢܐ ܥܡܠܢܘܬܗ ܐܝܟ ܗܘ. ܥܡܠܐ ܐܡܪܐ: ܥܠ ܠܥܡܠܐ ܕܥܡܠܢܘܬܐ
ܥܡܠܐ..

ܐܡܪܝܢ ܠܥܡܠܗ ܠܥܡܠ ܥܡܠܢܘܬܐ. ܠܥܡܠܘܬܗ. ܐܘ.. ܠܥܡܠܢܘܬܗ.
ܠܥܡܠܘܬܗ ܠܥܡܠܢܘܬܗ. ܘܥܠ ܥܡܠܐ ܕܐܡܪ ܗܘ. ܘ. ܕܗܢܐ ܥܡܠܐ ܠܗܢܐ

1) Ms. ܥܠܝܡܬܐ.

2) lies ܥܘܕܝ.

3) Das Kaf steht im Ms. zwischen den Zeilen.

4) Ein Buchstabe ist nicht zu lesen. Nach dem Text bei Phillips ist zu lesen ܐܡܪܐ ܠܐ, s. die Anm. zur Uebersetzung.

ܦܣܘܩܐ ܡܫܐܠܢܐ ܐܝܟ ܡܬܡܗܢܢܘܬܗ. ܘܡܛܠ ܕܒܗ ܦܣܘܩ ܡܫܐܠܢܐ ܠܡܫܐܠܬܐ ܡܬܩܪܐ ܡܫܐܠܢܐ ܠܗܘܢ ܕܠܐܠܗܘܢ ܡܛܠܗ ܕܡܢ ܡܫܐܠܢܐ ܕܒܗ ܫܡܥܐ ܕܗܝ ܡܬܦܢܝܢܐ ܗܝ ܕܡܢ ܐܚܪܢܐ ܠܐ ܡܬܦܢܝܢܐ. ܘܗܕܐ ܦܪܫ ܡܠܘܐܐ ܠܡܫܐܠܢܐ ܡܬܡܗܢܢܘܬܐ ܕܡܫܐܠܬܐ܀

ܕܫܪܝܢ ܕܝܢ ܒܐܝܕܐ ܐܘܟܝܬ ܠܡܫܐܠܘ. ܕܡܬܩܪܝܐ ܕܦܪܫ ܐܠܝܢ ܐܢܫܝܢ.. (fol. 224[a]) ܐܘ ܟܠ ܚܕ ܡܢܗܘܢ ܕܝܠܗ ܦܠܓܐ ܡܠܬܐ ܒܝܬ ܡܠܐ ܘܩܪܝܬܐ. ܐܝܟܢܐ ܕܗܘܐ ܐܠܐ ܩܪܝܢܐ ܡܢܗܘܢܐ ܠܗܘܢ ܡܬܡܗܢܢܘܬܐ.. ܘܐܝܟܢܐ ܕܐܡܪ. ܕܟܠ ܐܘܟܝܬ ܡܢܗܘܢܐ. ܟܠ ܗܠܝܢ ܕܡܢ ܡܩܝܡܢܐ ܠܗܘܢ ܕܡܫܐܠܢܐ ܡܬܩܪܝܢ ܡܫܠܡܢܐ. ܘܡܫܐܠܢܘܬܐ ܕܩܢܘܡܐ ܐܬܬܚܝܠܬ. ܘܗܟܢ ܚܢܢ [1] ܠܡܫܐܠܢܘܬܐ ܐܠܦܝܢܢ ܕܩܪܝܢܢܐ ܕܠܗܘܢ ܕܡܬܡܠܠܝܢ ܡܬܦܢܝܢܐ. ܡܬܡܪܢܐ ܕܗܠܝܢ ܡܢܗܘܢܐ. ܠܡܫܘܐ ܚܘܠܩܐ ܡܬܩܪܝܢ ܡܬܠܐ. ܐܝܟܢܐ ܕܡܫܡܥܐ ܕܡܫܠܡ ܟܠ ܡܬܩܪܝܢܘܬܐ ܡܬܠܝܢ ܡܢܗܪܐ. ܘܡܢܗܘܢܐ ܕܡܫܠܡ ܟܠ ܩܪܝܢܘܬܐ ܘܡܬܡܠܠܐ ܘܡܬܡܠܠܢܘܬܐ [2] ܕܗܘ ܕܠܡܠܬܗ ܡܠܬܐ ܡܢܗܪܐ.. ܐܡܫܢ ܩܪܝܢܐ ܕܗܡܢ ܠܡܠܬܗ ܕܡܫܬܡܥ ܐܦܝܢܐ ܕܡܬܦܢܐ ܟܠ ܡܫܡܥܐ ܕܡܬܡܠܠ ܟܠ ܡܬܠܐ ܗܢܐ ܠܗܘܢ ܕܡܢ ܠܡܢܐ ܡܫܡܥ ܠܗܘܢ ܕܡܢ ܠܡܫܐ ܡܬܠܐ ܐܠܝܢܐ.. ܩܪܝܢܐ. [3] ܢܟܠܐ: ܡܢܗܐ ܕܡܬܡܠܠܐ ܕܡܬܠ ܡܢܗܘܢܐ. ܗܢܐ ܡܢܐ ܡܬܩܪܝܢ ܡܫܐܠܢܐ ܐܘܟܝܬ ܐܬܪܐ ܡܬܦܢܝܢܐ ܐܬܪܐ ܕܠܟܠ܀ ܕܢܦܩ. ܩܪܝܬܐ.. ܘܡܢܗܐ. ܕܠܡܬܡܠܠܢܐ ܦܬܐ ܗܢܐ ܗܟܢ.. ܕܠܟܠܢܐ. ܐܡܬܐ.. ܗ.. ܡܬܩܪܝܢܐ ܐܝܢܐ.. ܘܐܦܝܢܐ. ܠܡܫܐ.. ܡܢܗܐ ܩܪܝܢܐ ܡܢܗܘܢ ܐܘ ܠܐܘܟܝܬܐ. ܘܡܠܠܐ. ܡܫܠܡܐ.. ܠܡܫܐ ܡܬܢ.. ܗ. ܡܬܠܐ. ܐܘܟܝܬ ܡܢܗܘܢܐ ܠܗܘܢ ܠܟܠܐ. ܡܢܐ ܦܬܚ ܡܢܗ. ܘܗܕܐ ܕܠܡܠܐ ܦܬܚ ܠܗ ܡܬܦܢܝܢܐ.. ܐܝܢܐ ܕܡܢ ܗܟܢܢܐ.. ܡ.. ܢܩܦܐ ܗܟܢܐ ܡܫܡܠܝܢ.. ܗ.. ܐܝܟܢܐ.. ܘܗܕܐ ܡܢ ܠܡܦܪܫܢܐ ܕܡܠܠܐ ܦܣܘܩܐ ܠܦܬܓܡܐ. ܘܚܕܐ ܡܢܗܐ ܕܫܝܢܐ ܡܫܡܥܐ ܘܐܝܟܐ ܡܐܡܪܐ: ܚ.. ܠܡܫܐ.. ܘܚܠܦ ܐܝܟܢܐ ܢܟܠܐ ܦܬܚܝܢ ܠܗ.. ܐܝܟ.. ܗܘ ܕܒܗ ܢܩܦܐ: ܕܠܡܠܐ ܠܐ ܡܬܡܢܥ܀ ܘܗܕܐ

1) lies ܠܡܫܡܫܡܫܬܐ cf. Mar Jacob, on Syriac accents ed. Phillips p. 17.

2) lies ܕܗܢܘܢ oder ܕܠܡܬܗ.

3) Das Wort ist im Ms. vom Schreiber nachträglich hinzugefügt.

ܠܐܦܐ ܒܡܫܩܠܗ ܡܫܬܟܚܐ.. ܡܫܬܡܥܐ ܕܝܢ.. ܡܬܩܛܠܗ ܕܠܝܬܘܗܝ ܠܘܬܗ ܕܢܦܩܐ ܠܒܪ.. ܐܝܟܢܐ ܕܐܬܡܠܝ ܡܬܩܪܝܢ ܡܫܠܡܢܘܬܐ ܡܬܡܠܝܢ ܠܡܬܩܪܝܢܘܬܐ ܡܢ ܡܫܠܡܢܘܬܐ. ܐܡܬܝ ܕܠܡܫܬܘܕܥܘ ܠܫܡܥܐ ܡܬܒܥܝܐ: ܗܝܕܝܢ ܕܝܢ ܡܬܡܠܝܢ ܒܫܘܬܦܗܘܢ (fol. b.) ܐܝܟ ܠܒܪ. ܘܗܕܐ ܥܡ ܗܢܝܢ ܠܘܬܝܢ ܐܬܘܬܐ [1] ܘܡܫܬ ܐܠܦ. [1]ܘܡܫܬ ܝܘܕ. [2]ܡܢ ܗܝܕܝܢ ܘܡܬܩܪܝܢ ܚܕܐ. ܘܡܫܬܘܬܦܢ ܠܐܬܘܬܐ ܗܝܕܝܢ ܟܕ ܕܐܬܘܬܐ ܗܘܝܢ ܗܢ ܕܢܦܩܢ ܐܬܘܬܐ ܡܫܠܡܢܐ ܡܠܝܐ ܕܝܢܐ.. ܗܟܢܐ ܡܬܩܪܝܢ ܐܝܟܢܐ [3]ܕܡܫܬܡܠܝܢ ܗܝܕܝܢ ܘܠܐ ܡܫܬܡܠܝܢ ܠܡܫܠܡܘ ܥܡ ܗܕܐ ܡܢܝܢ ܡܫܠܡܢܘܬܐ [4]ܘܕܡܫܠܡܢܘܬܐ ܕܡܫܬܚܠܦܐ. ܡܬܗܦܟܐ ܕܝܢ ܕܡܬܬܟܠ ܠܗܝܕܝܢ.. ܘܡܫܬܘܬܦܢ ܥܡ ܐܚܪ ܐܬܘܬܐ ܡܢܝܢ ܕܠܡܫܬܠܡ ܡܫܠܡܐ ܘܐܚܪ ܐܬܘܬܐ ܐܚܪ ܕܠܡܦܩܢܐ ܕܝܢ ܡܫܠܡܐ. ܕܡܬܗܦܟܝܢ ܒܟܠ ܐܬܘܬܐ ܕܡܬܚܠܦܝܢ. ܕܠܡܫܬܘܚ. ܘܕܡܬܚܠܦ.. ܘܡܫܬܡܥܐ ܕܠܐ ܡܫܬܡܥܝܢ ܥܡ ܗܝܕܝܢ. ܡܫܬܡܠܝܢ ܥܡ ܡܢܝܢܐ ܠܡܠܐ ܗܟܢܐ ܐܝܟܢܐ ܕܝܢ ܕܗܘܐ ܠܒܪ ܠܡܫܬܡܠܝܢܘܬܗܘܢ. ܘܐܦ ܠܟܠܗܝܢ ܐܬܘܬܐ ܡܢܝܢܐ [5]ܡܫܬܡܥܝܢ.. ܥܡ ܗܝܕܝܢ.. ܘܐܝܟ ܠܡܫܠܡ ܕܟܠ ܡܫܠܡܢܘܬܐ ܗܟܢ ܕܡܫܬܚܠܦܐ ܡܬܩܪܝܐ ܘܡܫܠܡܐ ܕܟܠ ܦܬܓܡܐ ܘܡܫܠܡܢܐ ܕܗܟܢܐ ܕܡܫܠܡܐ ܘܡܫܠܡܐ ܕܐܡܪܐ ܒܗܢ ܕܗܦܟܐ ܘܠܦܬܓܡܐ ܕܟܠ ܡܬܗܦܟܐ ܘܐܬܘܬܐ ܕܡܫܬܘܬܦܢ ܘܠܐ ܡܫܬܘܬܦܢ ܠܟܠ ܐܬܘܬܐ ܘܡܫܬܘܕܝܢ ܠܟܠ ܕܡܫܝܢ ܘܐܦܠܐ ܕܐܦܠܐ ܘܕܝܢ. ܘܕܡܠܝܐ ܡܠܝܐ. ܡܬܐܡܪܐ ܗܟܢ ܘܠܡܫܬܡܠܝܐ [6]ܕܝܢ ܗܢܐ ܘܡܬܠܝܢ ܕܡܫܠܡܐ ܕܡܫܠܡ ܐܝܟܢܐ. ܐܘ ܐܠܗ ܡܬܩܢܝܢ ܠܟܠܗܘܢ ܠܐ ܡܫܬܟܚܝܢ ܐܬܘܬܐ ܡܫܬܡܠܝܐ ܡܫܬܡܠܝܢܘܬܐ ܐܝܟܢܐ.. ܕ.. ܠ.. ܠܗܘܢ ܐܬܘܬܐ ܡܬܩܪܝܢܐ ܘܠܗ ܥܡ.. ܕܝܢ ܡܠܝܐ ܕܐܝܟ ܕܡܢ.. ܡܠܝܐ ܗܕܐ ܡܫܠܡܢܘܬܐ ܐܝܟܢܐ ܕܝܢܐ ܡܬܩܪܝܢ. ܥܡ.. ܐܬܘܬܐ ܡܫܬܡܠܝܢ ا ب ت ث ܕܡܢ. ܐܬܩܪܝܢ ܕܗܕܐ

1) lies ܘܡܫ̈ܬܢ So Bar Hebraeus.

2) Ms. ܣܡ.

3) sic!

4) Hier folgt im Ms. das mit Tilgungszeichen versehene Wort ܕܡܫܠܡܐ.

5) Ms. ܡܫܬܡܥܝܢ.

6) lies ܓ̇ܝܢ (?)

ܘܢܡܘܣܐ ܠܟܠܗ ܘܥܠܗ ܡܢ ܦܘܡܐ ܘܡܫܟܠܐ ܡܢ ܢܡܘܣܐ ܚܝܘܗ ܘܡܬܦܩܕܐ ܥܡܗ ܘܥܠܗ ܐܣܬܠܡܬܗ.. ܐܬܐ ܠܟܠܗܘܢ ܘܡܠܟܘܬܐ ܗܘ ܕܝܠܗ ܡܫܠܡܐ ܐܡܪ ܐܘܫܥ ܥܡܗ ܕܥܠܝܗܘܢ ܘܡܟܬܫܐ ܕܟܠܗܘܢ ܐܬܐ ܕܐܝܟ ܡܬܡܕܝܢܐ ܐܬܪܐ ܐܬܪܐ[1] ܕܢܚܡܪ. ܐܡܪ ܚܕܝܐ. ܚܕܝܢ ܠܐ ܡܬܚܫܒܝܢ ܡܪܕܘܬܐ ܥܒܕܐ ܡܬܠܟܐ ܘܠܗܘܢ ܥܠܗ. ܠܐ ܫܘܠܛܐ ܘܠܐ ܚܝܠܬܐ. ܐܦܠܐ ܠܡܠܟܘܬܐ ܡܦܪܫܬܐ. ܥܠܠܐ ܕܝܢ ܕܟܠܗܘܢ ܐܬܪܐ ܠܟܢ ܕܡܪܬܐ. ܐܝܟ ܥܡܗܝܢ ܡܫܬܘܕܥܬܐ. ܐܝܟ ܐܢܫܐ ܫܘܠܛܐ ܥܠ ܚܝܠܬܐ. ܗܘ ܕܫܘܠܛܐ ܥܠ ܡܠܟܘܬܐ.. ܐܬܪܐ (fol. 223a) ܕܐܬܩܪܒܝܢ. ܠܐܢܫ.. ܠܗܘܐ ܠܗ ܡܪܕܘܬܐ ܠܟܠܗܘܢ ܕܫܘܠܛܐ. ܘܥܠܝ ܡܪܕܘܬܐ ܡܦܫܬܐ ܚܝܠܬܐ.. ܘܠܗܘܐ.. ܡܠܟܝܢ ܠܗ ܡܪܕܘܬܐ ܠܟܠܗܘܢ ܕܫܘܠܛܐ. ܘܥܠܝ ܡܪܕܘܬܐ ܠܟܠܗܘܢ ܠܡܠܟܘܬܐ.. ܐܬܪܐ ܕܝܢ ܕܐܝܟ ܡܬܦܪܫ ܡܠܟܘܬܗܘܢ ܡܪܕܘܬܐ ..ܐ.. ܠܟܪܐܬܐ.. ܥ.. ܐܬܩܪܒ ..ܝ.. ܠܟܪܐܬܐ ..ܕ.. ܠܟܪܝܬܗܘܢ ..ܗ.. ܠܟܪܐܬܐ[2] ..ܘ.. ܠܟܝ ܐܬܐ ..ܐ.. ܠܟܪ ..ܣ.. ܠܟܪܝܢ ..ܢ.. ܠܟܪܐ ..ܡ.. ܠܟܝ ..ܡܐ.. ܠܟܪܐܬܐ ..ܡܟ.. ܠܟܪܒܝܢ[3]

ܕܚܫܘܟ ܘܠܡܠܟܘܬܐ ܠܗ ܠܟܠܗܘܢ ܕܫܪܝܪܐ ܕܐܝܟ ܠܡܬܪܥܝܢܐ ܡܬܚܫܒܢܐ ..ܗ.. ܠܝܕܥܐ.. ܘܡܬܝܕܥܢܘܬܐ.. ܘܡܬܚܙܝܢܘܬܐ. ܐܦܠܘܬ ܗܝܡܢܘܬܐ.. ܫܘܟܠܐ ܕܠܟܢ ܘܡܠܟܘܬܐ ܐܡܪ ܕܐܝܟ ܡܬܩܠܣ.. ܡܢ ܥܒܕ ܠܡܪܕܘܬܐ ܘܡܫܘܬܐ ܕܡܠܟܐ ܘܫܠܐ ܗܘܐ. ܕܥܠܬܐ ܕܐܝܬܝܗܝܢ ܡܠܟܘܬܐ ..ܗ.. ܐܬܪܐ.. ܘܢܡܘܣܐ.. ܘܡܫܬܘܐ ܗܘܐ.. ܘܐܬܝܐ ܗܘ ܡܬܠܟܝܐ ܕܠܗܘܢ ܡܫܬܐ ܡܬܚܫܒܢ ܕܡܬܚܫܐ(?) ܐܬܪܐ ܕܟܠܗ ܘܡܫܬܐ ܘܐܬܚܝܐ ܘܗܘܐ ܘܡܫܬܟܚܐ.. ܚܕܝܢ. ܐܦ ܫܪܝܪܐ ܡܠܟܘܬܗܘܢ ܠܗܘ ܐܝܬ ܠܡܫܝܚ. ܡܠܟܘܬܗܘܢ ܕܝܢ ܠܗܘܬܐ.. ܕܐܝܟ ܐܢܫ.. ܠܝܕܥܐ ܥܒܕ ܥܬܝܕ ܠܟܠ ܡܪܕܘܬܐ ܗܘܐ ܡܫܬܟܚܐ. ܐܬܪܐ ܕܐܡܪ ܡܫܝܚܐ ܠܟܠܟܠ. ܡܠܟܝܢ ܡܫܝܚܐ. ܐܡܬܝ ܕܠܡܫܚ ܢܬܪܐ ܠܡܪܕܐ ܕܡܬܚܙܝܐ. ܐܬܪܐ ܘܕܠܐ ܦܠܓܘܬܐ ܠܐ ܡܬܚܙܝܢ ܗܘܐ ܠܡܠܟܘܬܗܘܢ. ܠܝܕܥܝܢ. ܠܐ. ܕܠܡܫܬܟܚܝܢ ܡܬܚܫܒ ܠܡܬܦܪܫܝܢ ܠܡܫܝܚܐ ܕܝܢ ܫܘܐܠܐ ܠܗܘ. ܐܬܪܐ ܕܡܬܩܪܒܝܢ ܠܐܠܗܐ ܐܡܪ ܠܡܠܟܘܬ ܠܗ ܠܟܠܗ ܡܠܟܘܬܗܘܢ

1) Man erwartet den diacritischen Punkt oben; s. jedoch auch vorher und nachher.

2) für ܠܟܪܐ ܐܬܐ.

3) Ms. ܠܚܪܒܝܢ mit Tilgungszeichen über dem Ḥêth.

ܘܥܡ ܗܥܠܢܐ ܠܥܕܪܐ ܘܦܥܡܪܐ ܚܒܝ. ܥܢܒܬܐ .ܐ. ܐܣܛܘܟܣܐ.. ܦܟܪܐ.. ܗܒܠܐ ܘܡܢ ܕܐܬܚܙܝܬ ܠܣܘܪܝܝܐ. ܐܠܦܘܬܐ ܠܘܬ ܡܫܬܥܠܝܢܘܬܐ ܘܠܘܩܒܠ ܥܢܝܢܐ ܡܬܬܦܠܣܦܢܘܬܐ ܦܝܠܘ ܣܘܦܝܣܛܝܩܘ. ܠܗܘ ܕܐܬܚܙܝ ܐܡܬܐ ܐܣܛܘܟܣܐ ܕܠܦܠܣܦܐ ܠܡܬܘܪܓܡܐ ܘܡܣܬܟܠܐ.. ܥܡܝ: ܚܣܝܢ: ܗ.. ܦܘܩܕܐ ܘܡܥܗܕܢܐ.. ܥܡܝܩܝ. ܣܠܩܐ ܕܟܪܘܬܐ.. ܥܡܝ.. ܝܠܕܐ ܥܢܝܡܐ. ܘܡܠܟܐ ܦܢܝ ܥܢܝܡܐ.. ܘܥܠܩܐ ܥܡ ܥܒܪܘܬܐ.. ܗܥܝ ܘܦܝܣܟ ܠܡܪܘܬܐ ܕܐܬܚܙܝܬ ܘܥܡ ܝܠܩܐ ܥܡܢܘܬܐ ܕܝܗܒ ܥܡܪ ܥܡܢܣ ܣܡܢ ܝܠܩܐ ܐܬܦܪܣܬ ܠܡܥܠܣܠܟ ܘܐܦ ܘܥܡܢܐ ܘܦܘܩܕܐ ܠܒܪ ܘܡܠܩܝܐܢ ܥܥܝܕܡܘܬ ܕܟܠܐ ܐܘܟܝܢ ܥܝܦܠܣܦܘܬܐ ܘܥܢܝܢܐ ܥܡܪܘܬܐ ܕܕܥܪܐ ܘܐܠܗܘܬܐ. ܘܣܦܠܘܬܐ. ܘܡܫܡܠܝܘܬܐ. ܐܥܠܠܐ ܕܢܥܒܪܬ.. (fol. b.) [1] ܘܡܥܡܪܘܬܐ ܟܠܗ ܦܪܘܩܘܬܐ ܠܥܘܠܠܐ ܕܥܢܝܡܐ.. ܬ.. ܘܥܢܥܢܝܬ. ܕܦܪܘܩܘܬܐ ܥܡܕܐ ܕܬܘ ܥܒܪܥܢܐ. ܘܦܪܘܩܘܬܗ ܥܢܝܡܐ ܦܘ ܟܠܗ ܦܪܘܩܘܬܐ ܥܡܕܐ ܘܦܪܘܩܘܬܗ ܟܠܗ ܦܪܘܩܘܬܐ ܬܠܝܡܐ ܠܥܩܠܠܐ. ܐܦ ܫܢܝܐ ..ܝܢ.. ܥܢܬܐܝܬܘܬܐ ܦܥܝܠ ܥܝܪܐ ܝܗܒ ܓܐ ܥܒܪܘܬܐ.. ܠܥܩܐ ܕܝܢ ܦܐ ܥܒܪܘܬܐ. ܦܪܘܩܘܬܐ ܗܐ ܕܥܡܥܠܐ ܘܥܡܥܢܐ.. ܡܠܟܘܬܐ ܐܘܐ. ܦܪܘܩܢܐ ܐܠܗܝ ܗܟܝܢ ܐܠܗܝܐ ܘܥܢܘܬܐ ܥܠܡܐ ܥܘܢܝܐ.. ܐܬܥܢܝ ܠܥܠܡܗ ܕܥܠܡܐ ܗܠܝܢ ܥܡܪܝܢ ܒܐܬܚܙܝܬ ܥܠܡܝܐ ܗܠܝܢ ܕܠܡܣܡܝܢ ܥܠܝܡܐ.. ܥܠܝܢܐ ܕܝܢ ܟܠܗ ܐܢܫܐ ܥܢܪܝܢ ܥܡܝܢ. ܐܥܝܠܘܬܗ. ܥܡܠܥܡܠܝܢ ܕܝܢ ܥܡܠܐ ܠܥܠܡܝܢ ܥܢܪ ܒܝܢ ܗ.. ܘ.. ܘܐܦ ܥܒܘܕܐ ܥܡܠܥܡܠܝܢ ܠܗܝܢ. ܐܥܠܠܐ ܘܐܠܝܢ [2]. ܠܦܢܝܢ ܠܐ ܥܡܪܝܢ ܥܒܘܕܐ. ܣܝܐ ܦܢܝ ܥܠܝܗ ܥܡܠܥܠܘܬܐ. ܗܟܢܐ ܝܗܒ ܐܝܟܢܐ ܠܝ ܘܦܝܠܘ ܣܘܦܣܛܐ ܣܝܡܬܐ ܘܐܬܦܪܫܬ ܥܢܝܢܗ ܕܗܠܝܢ ܥܝܢܐܐܬܚܙܝܬ ܥܢܝܢܘ ܐܠܗ. ܥܢܪ ܢܣܒܝܢ ܕܐܬܚܙܝܬ.. ܐܘܠܦܢܗ ܕܝܠܗ ܥܠܝܢܐܝܬ ܠܐ ܠܡܣܬܪܩܘ ܐܢܝܢ.. ܘܥܡܪܐ ܕܝܣܢܝܢ ܐܘܟܝܢ ܗܟܢܐ ܘܡܣܬܟܠܢܘܬܐ ܐܦ ܗܢܝܢ ܥܠܠܘܬܐ ܗܕܝܢ ܗܢܘܢ ܡܬܩܪܝܢ ܘܝܢܐ ܥܠܘܢ ܠܡܘܬܗܘܢ [3] ܠܘܬ ܦܢܐ ܘܗܢܝܢ ܦܠܐ. ܗܟܢܐ ܕܝܢ ܐܣܛܘܟܣܐ ܥܡܠܥܠܘܬܐ ܐܬܝܠܕܬ ܕܢܦܫܝ ܗܢܐ ܥܠܘ ܐܣܛܘܟܣܐ. ܐܥܠܠܐ ܕܥܡܪܝܢ ܗܠܝܢ ܗܘܐ ܥܡ

1) lies ܘܡܥܡܪܘܬܐ.

2) ܘܐܠܝܢ?

3) Im Ms. steht über der Linie zwischen Tau und He ein Jud.

[illegible] [1] [illegible]

[illegible] [2] [illegible] (fol. 215a)[3] [illegible]

1) Ueber dem Lâmadh des [illegible] steht im Ms. ein senkrechter Strich, welcher wie ein Zai aussieht.

2) Das letzte Tau ist im Ms. nicht deutlich.

3) Das Blatt steht in der Handschrift an verkehrter Stelle.

ܬܫܡܫܬܐ ܠܡܫܡܫܢܘܬܐ.. ܘܡܫܡܫܢܐ ܢܦܩܝܢ ܠܡܢܘ ܥ̈ܒܕܐ ܕܟܠ ܦܪܘܫܘܬܐ ܡܦܫܩܐ. ܡܢ ܗܘܝܐ ܀ܐ܀. ܥܒܝܪܬ ܫ̈ܢܐ. ܐܬܝܐ. ܕܢܚܐ. ܐܘ ܚܝܐ ܘܥܕܝܐ.. ܐܡܬܝ ܕܠܗܘܐ ܘܕܘܡܝܐ ܥܡܗ. ܫ̈ܢܝܐ ܕܐܝܬ. ܥܒܕܡܫܡܫܢ ܡܢܘ ܐܬܝܐ ܕܐܝܬܘܗܝ ܐܘܟܝܬ ܐܚܪ̈ܢܐ. ܫ̈ܒܩܝܢ ܕܝܢ. ܡܦܪܫ ܚܒܪܘܗܝ.. ܗ.. ܕܝܢ ܐܝܟܢ ܕܬܗܘܐ ܘܡܫܡܫܬܐ (ܗ)ܠܥ ܟ̈ܠܥ ܘܡܫܡܫܬܐ. ܘܒܗܠܝܢ ܐܘܟܡ ܦܬܚܐ ܡܫܬܡܠܝܐ ܥܠ ܐܝܕܘܥܗ..

ܕܢܫܬܪܝܢ ܘܗܟܢܐ. ܠܡܫܡܫܢܐ ܡܢ ܗ̈ܘܝܢ ܥܒܝܪܬ ܫ̈ܢܐ ܐܘܟܝܠ ܐܬ̈ܝܢ ..ܗ.. ܗܫܬܐ.. ܠܐ ܗܟܢܐ ܦܬܚܐ ܐܘܟܝܬ ܗܟܢܐ. ܡܫܬܡܠܝܐ ܕܡܫܡܫܢܐ ܕܠܡܫܡܫ ܠܗܘܢ. ܐܬܝܐ ܕܢܚܐ. ܘܐܬܐ. ܘܐܬܚܙܝ. ܘܚܙܝܬ ܘܐܬܚܙܝ. ܐܡܬܝ ܕܫ̈ܡܫܬܐ ܐܠܗܐ ܠܕܝܢܐ ܠܡܫܡܫܢܐ ܕܗܝܕܝܢ ܠܫܡܫ ܠܡܫܡܫܢܐ ܕܟܠ ܐܬܝܐ ܕܢܚܐ. ܘܐܬܚܝ ܡܫܡܫܬܐ. ܘܠܐ ܠܡܫܡܫ ܕܗܠܝܢ ܐܬܚܙܝ ܐܡܬܝ ܕܢܫܡܫܢ ܠܗܘܢ. ܡܫܬܪܝ ܡܫܬܡܠܝܐ ܡܫܡܫܢܘܬܐ. ܘܡܫܡܫܢܐ ܦܬܚܐ ܐܝܟ ܠܡܫܡܫܢܐ ܡܫܡܫܢܝܢ ܘܡܫܡܫܢܐ ܠܡܫܡܫܢܐ. ܘܡܫܡܫܢܐ ܡܢ ܡܫܡܫܢܐ ܢܦܩܝܢ. ܡܢ ܕܝܢ ܡܫܡܫܢܐ ܗ̈ܘܝܢ ܡܫܡܫܢܝܢ. ܘܡܫܡܫܢ ܦܬܚܐ ܗܟܢܐ ܗܘܐ ܡܫܡܫܢܝܢ. (fol. b) ܠܡܫܡܫ ܗܘܐ ܐܠܐ ܕܚܙܝܬ ܐܠܗܐ ܐܬܝܐ [1] ܕܡܫܡܫ.. ܡܫܡܫ ܢܦܩ ܡܢܗ ܕܠܡܫ ܗܘ ܠܡܫܡܫܢܐ ܘܡܫܡܫܢܐ ܡܫܡܫ ܠܗܘܢ ܦܬܚܐ.. ܐܝܟ ܕܝܢ ܠܡܫܡܫ ܕܐܬܚܙܝ ܬ(ܡܫ)ܗܐ ܡܫܡܫ ܕܟܠ ܡܫܡܫܢܐ ܡܫܡܫܢܐ ܕܟܠ ܠܫܡܫܐ ܦܬܚܗ. ܫ̈ܢܐ ܕܡܫܡܫܢܐ ܡܫܡܫ. ܘܡܫܡܫܢܐ ܢܦܩ ܠܡܫܡܫ ܐܝܟ ܕܟܠ ܐܬܝܐ ܕܐܬܚܙܝ ܡܫܡܫܢܐ. ܘܡܫܡܫܢܐ ܗܟܢܐ ܗ̈ܘܝܢ ܐܬܝܐ ܕܢܚܐ. ܬܚܙܐ. ܥܒܝܪ. [2] ܡܫܡܫ.. ܘܡܫܡܫ ܕܝܢ ܕܢܦܩܐ ܕܠܐ ܡܫܡܫܢ ܗܠܝܢ ܡܫܡܫܢܐ. ܠ(ܒ)ܝ. ܢܦܩ.. ܡܫܡܫ ܕܝܢ ܐܘܟܝܬ ܘܡܫܡܫܢܐ ܘܡܫܡܫܢܐ ܐܬܝܐ ܡܫܡܫ. ܐܠܐ ܕܝܢ ܡܫܡܫ ܐܠܐ ܕ(ܡܫ) ܡܫܡܫܢܐ ܕܟܠ ܦܬܚܐ ܡܫܡܫܢܐ. ܡܫܡܫܢܐ ܡܫ(ܒ)ܐ ܠܡܫܡܫܢܐ ܬܗܘܐ. ܐܬܝ ܬܚܙܐ ܡܫܡܫܢܗ ܘܡܫܡܫ ܡܫܡܫ. ܡܫܡܫ ܡܫܡܫ. [3] ܢܦܩ ܡܫܡܫ.. ܘܡܫ ܫ̈ܢܐ ܕܟܠ ܗܘܐ ܡܫܡܫܢܐ ܡܫܡܫܢܐ ܚܕܐ [4] ܕܗ̈ܘܝܢ ܗܠܝܢ ܡܫܡܫܢܐ ܠܡܫ ܠܡܫܡܫ..

1) Ms. ܕܡܫܡܫ.

2) Alle diese Formen sowie nachher ܢܦܩ und ܢܦܩ sollten den Punkt oben haben.

3) Da es sich um Verben tertiae gutturalis handelt, so gehört dies Beispiel nicht hierher oder es ist verschrieben.

4) Das Wort ist im Ms. zweimal geschrieben.

.ܐ. ܡܢܝܢܟܝܬܐ. ܘ. ܐܠܗܝܐܝܬ ܐܦ ܠܐܣܛܘܟܣܐ ܥܗܘܐ ܛܝܡܐ.. ܦܬܟܪܐ ܕܐܪܝܣ".. ܘܐܬܪܐ .ܐ. ܐܠܗܘܬܐ ܘܫܠܡܘܬܐ ܡܕܝܢ ܫܘܦܪܐ ܕ(ܒ)ܠ ܦܘܠܐ ܣܘܟܠܐ ܘܡܬܚܫܒܢܘܬܐ. ܗܒܠܐ ܐܪܒ ܗܕܐ ܕܠܐܪܪܪܒܝ.. ܘ.. ܐܠܗܘܬܐ ܘܡܠܟܘܬܐ ܠܒܥܠܐ ܫܘܠܛܢܐ: ܒܡܠܟܘܬܐ ܕܡܢ ܟܠܗ ܒܡܕܝܢܬܐ ܐܡܪ [1]) ܠܒܫܡܝܐ ܠܗܘܐ ܠܒܥܠܐ ܘܡܠܟܐ ܕܒܢ ܡܬܟܢܫܐ ܕܐܣܛܪܐ.. ܐ.. ܥܒܝܕܠ ܕܒܝܬ ܗܘ ܥܘܠܡܢܐ. ܘܒܗܠܐ ܥܝܡܢܝ ܕܒܢ ܥܠܡܐ ܥܘܗܠ ܐܣܛܘܟܣܐ ܥܒܕܘܗܝ.. ܥܒܕܬܐ ܕܡܢ ܗܠܝܢ ܡܬܕܒܪܢܘܬܐ ܕܐܣܛܘܟܣܐ. ܥܘܗܕܘܢ.. ܘ.. ܡܘܒܕ ܫܘܠܛܢܗ.. ܗ.. ܥܒܝܕܠ.. ܐ.. ܘ.. ܐܣܛܘܟܣܐ ܠܐ ܒܗܠܐ ܕܐܬܚܙܝ: ܛܠܐ ܫܘܠܛܢܐ ܕܗܠ ܐܪܥܐ ܕܒܗܘܢ ܘܕܡܘܟܟܐ ܠܗܠ ܕܒܪܐ. ܐܬܪܚܒ ܥܠܡܐ ܕܡܢ ܣܘܟܠܐ ܕܗܠ ܕܒܪܐ. ܠܗܠ ܫܘܠܛܢ ܠܦܬܟܪܐ ܥܒܕܘܗܝ. ܐܬܪܐ. ܕܗܒܠ ܠܗܘܢ.. ܘܥܒܝܕܠ ܠܗܘܢ ܘܥܝܢܝ.. ܘܠܐ ܡܬܚܫܒܝܢ ܠܗܠ ܡܕܡ. ܐܬܪܐ ܕܡܬܥܒܕ ܐܣܛܘܟܣܐ ܥܒܝܕܠ ܥܒܝܕܠ ܡܬܢܨܚܢܘܬܐ ܝܗܒ ܕܠܦܬܟܪܐ. [2]) ܘܡܫܬܡܥ ܥܒܕܬܐ ܕܗܠ ܕܒܪܐ ܣܒ ܥܠܝܗܘܢ ܕܗܠ ܫܘܠܛܢܐ ܠܥܒܕܘܗܝ ..ܗ.. ܛܠܐ ܥܘܒܕܐ [3]) ܕܚܝܠ ܘܥܒܕ. ܘܠܐ ܡܬܕܐܡܢ. ܘܠܐ ܕܡܬܩܠܝܢ ܘܠܐ ܕܡܬܚܫܒܝܢ. (l.fo 221a) ܐܝܟ ܠܗܘܢ ܕܡܢ ܥܠܡܐ ܕܡܠܟܘܬܐ. ܗܢܘܢܝ. ܢܥܒܕܘܢ. ܘܡܬܕܐܡܢ ܕܡܢ ܐܝܬܝܗܘܢ ܗܒܝܠ. ܕܟܝܢ.. ܛܠܐ ܕܡܢ ܕܐܣܛܘܟܣܐ .ܐ. ܠܐ ܡܬܩܠܝܢ ܕܠܥܒܕܘܗܝ ܠܗܠ ܠܦܬܟܪܐ ܫܘܠܛܢܐ. ܕܐܡܪ ܐܡܝ. ܐܬܪܐ ܐܬܐ. ܣܒܐ.. ܓܒܪܐ.. ܠܐ ܐܬܩܝܡܘ ܣܒܐ ܠܗܘܢ ܐܠܐ ܣܝܡ ܐܟܬ ܐܘ ܣܢܝܩܝܢ ܗܢܝܢ.. ܘܗܕܐ ܠܡܬܕܡܝܘ ܕܒܢ ܛܠܐ ܐܣܛܘܟܣܐ ܘܥܒܕ (?)..ܐ.. ܘܡܠܟܘܬܐ ܐܘܥܕܝ ܒܢܝ ܐܬܐ.. ܡ.. ܢܒܝܢ ܐܦ ܗܝ ܘܡܠܟܘܬܐ ܗܝ ܐܘ ܥܠܝܗܘܢ ܘܡܠܟܘܬܐ.. ܗ.. ܐܟܬ.. ܣܝܡ.. ܥܠ ܥܠܡܐ ܠܡܬܕܒܪܢܘܬܐ [1]) ܕܥܒܠܐ ܗܕܐ ܐܝܬܝܗ ܐܬܪܐ. ܕܐܝܟܢ.. ܐܝܟܢ.. ܐܝܟ.. ܐܝܟܢ.. ܘܐܦ ܡܬܕܐܡܢ ܗܝ ܥܡ ܗܝ ܐܝܬܝܗ. ܥܒܕܬ ܥܠܐ ܕܡܢ ܕܡܬܚܫܒܝܢ ܠܗܠ ܠܟܠ.. ܐܘܟܝܡ.. ܠܡܬܕܒܪܢܘܬܐ ܕܡܢ ܠܐ ܡܬܢܨܚܝܢ ܒܥܒܕܐ ܠܟܝܢ.. ܗܒܠܐ (?) ܐܠܗܘܬ. ܐܠܗܝܬܐ. ܐܬܠܟܝܢ.. ܡܬܚܫܒܝܢ ܥܒܕܐ ܠܗܠ ܣܒܐ ܥܠܝܗ ܐܠܗܘܬܐ. ܐܝܟܢܐ ܕܠܗܘܐ ܦܘܪܣܢܐ ܥܠܡܐ

1) ܕܠܒܫܡܝܐ?

2) lies ܘܡܫܬܡܥ (?)

3) Ms. ܘܥܒܕ.

4) lies ܕܥܒܠܐ.

ܝܠܕܐ ܝܠܕ̈ܝ.. ܝܠܕܐ ܝܠܕ̈ܝ.. ܫܡܗ̈ܐ ܕܝܢ ܕܟܝܢܐ. ܘ. ܟܝܢ ܕܝܢ ܦܫܝܛܐ. ܡܛܠ ܕܟܠ ܐܬܘܬܐ ܐܣܝܪ̈ܢ ܡܠܬ̈ܐ ܡܠܝܐ ܕܗܝ̈ܘܐ ܡܬܬܫܡܫܢ ܘܡܢ ܡܢܝܢܐ ܐܠܐ ܕܗܝ ܠܗܘܢ ܐܝܟܢܐ ܡܬܬܡܠܝܢ ܦܣܝܩܬܐ ܗܟܢܐ. ܘ. ܘܠܗܘܢ [1] ܡܬܡܪܢܝܬܐ ܐܬܪܐ ܐܠܦ ܠܐܡܪ ܠܟܪܝܐ ܠܟܪܝܗܘܢ.. ܠܠܒ̈ܐ [2] ܠܠܒ̈ܗܘܢ.. ܟܪܝܐ ܟܪܝܗܘܢ. ܟܪܝܟ ܡܢ ܫܡܗ̈ܐ ܐܦ ܠܟ̈ܠܗܝܢ ܗܠܝܢ ܡܛܠ ܕܪ̈ܘܚܢܐ ܠܡܠܬ̈ܐ ܘܐܣܝܪ̈ܢ ܐܬܘܬܐ ܠܟܠܗ ܐܝܟ ܠܡܦܩ ܟܠܐ. ܚܪܐ ܕܝܢ. ܘܦܪܐ. ܘܟܠܐ ܡܢ ܫܡܗ̈ܐ ܐܦܪܝܫ [3] ܡܬܦܫܩܝܢ ܐܣܟܐ ܕܬܬܦܪܫ ܡܠܬ̈ܐ ܠܡܬܚܡܐ ܘܡܬܚܡܝܢ ܚܘܝܢ ܦܪܫܝܢ.. ܐܝܟ ܗܘ ܕܐܡܪܝܢ. [1] ܦܪܐ ܚܠܝ.. ܚܪܐ ܚܠܝ.. ܘܦܪ.. ܚܪܐ (fol. b.) ܕܝܢ ܘܦܪܐ ܘܡܠܝܐ.. ܘ.. ܕܗܘܝܐ ܕܠܝܐ. ܘܠܗܘܢ ܐܝܟ ܕܦܪܚܐ ܕܟܠܐ. ܡܛܠ [5] ܕܐܬܪܡܝܢ ܒܗܝ (ܡ)ܠܬܐ. ܐ. ܡܠܬܐ. ܐܬܠܝܬ ܠܡܡܠܠܘ. ܘ. ܡܠܬܐ. ܐܦ ܡܬܦܩ ܒ(ܠ)ܐ ܐܦܣܝܩܢܘܬܗ ܕܠܐ ܠܐܡܪ ܒܗ ܡܠܬܐ ܕܝܢ ܗܘܟܢܐ ܐܬܡܠܝ ܠܗ ܕܝܢ.. ܚܕܐ ܗܘܝܐ.. ܡܢ ܗܠܝܢ ܐܦܬܟܐ ܚܕܬܐ. ܚܪܐ. ܗܘܐ.. ܘܐܝܟ ܕܡܬܦܪܫܢ ܕܗܠܝܢ ܟܠܐ ܕܡܬܚܡܝܢ (ܒ)ܐܬܟ ܒܗ ܐܬܪܡܝܬܐ ܕܡܬܚܡܝܢ ܥܠ ܐܬܘܬܐ ܕܦܪܚܐ. ܡܛܠ(ܕܡܬܠ) ܕܝܢ.. ܗܘܘ.. ܘܠܗ ܥܠ ܐܬܘܬܐ ܐܝܟܐ ܕܬܪܬܝܢ ܐܬܝܩܢܐ ܐܬܬܘܣܦܬ. ܡܛܠ ܕܐܦ ܠܐ ܡܬܦܫܩܢ ܠܡܬܚܡܘܬܐ. ܗܘܐ ܕܐܬܠܝܬܐ ܡܬܡܫܡܫܢ ܠܡܬܩܪܝܢܘܬܗ. ܐܬܪܐ ܕܟܪܝܗ. ܟܪܝܗܝ ܐܬܪܐ. ܐܬܪܐܝ. [6] ܐܬܪܗ. ܐܬܪܝ.. ܗܟܢܐ ܘܐܦ ܡܬܦܪܫܢ.. ܟܪܝܗܝ. ܐܬܪܐܝ. ܐܬܪܗܝ.. ܐܦܪܫ ܕܝܢ ܡܬܦܫܩܢܘܬܐ ܡܬܚܡܝܢܐ ܗܘ.. ܘ.. ܠܝ.. ܡܛܠ ܡܠܬܐ.. ܠܡܠܬܐ ܕܬܪܬܝܢ.. ܡܛܠ ܕܗܘ ܡܬܦܫܩܢ (ܒ)ܡܬܚܡܝܢܐ ܐܠܐ ܕܝܢ. ܠܡܬܬܡܫܡܫܢܘܬܐ ܕܡܬܚܡܝܬܐ ܡܬܬܪܝܢ ܦܠܐ.. ܘܐܝܟ ܐܦܝܢ.. ܟܪܝܗܝ. ܟܪܝܗܘܢ. ܐܬܪܗ. ܐܬܪܗܘܢ.. ܠܡܠܬܐ ܕܬܪܬܝܢ.. ܡܛܠ ܕܟܠܐ ܕܐܬܦܫܩܢ.

1) Ms. ܡܬܡܪܢܝܬܐ.

2) Ms. ܠܠܒ̈ܗܘܢ.

3) erg. ܐ.

4) Hier und in dem folgenden Beispiel sollte der Punkt oben stehen.

5) lies ܕܐܬܪܡܝܢ.

6) Ms. ܐܬܪܗ.

ܐܫܬܪܪ.. ܐܫܬܪܪܬ.. ܐܝܟ ܗܠܝܢ ܕܢܩܘܡ ܐܠܦ ܒܫܘܪܝܐ ܕܡܠܬܐ ܡܬܟܬܒܐ ܗܘܐ.. ܗܟܢ ܐܬܦܬܚܬ ܒܢ ܐܠܦܐ. (fol. 220a) ܘܐܬܦܬܚܬ ܐܬܩܛܠ.. ܘܐܬܩܛܠ ܐܬܦܬܚ. ܐܝܟ ܗܠܝܢ ܕܒܗܘܢ ܐܠܦ ܐܬܢܣܒܬ ܒܥܒܕܐ[4] ܡܫܠܡܐ ܗܟܢ ܐܝܟ ܐܬܕܒܪ ܐܬܢܣܒ ܐܬܚܫܒ (ܐܫܬܪܪ[1]. ܠܘ ܫܪܝܪ ܠܡܐܡܪ ܕܗܠܝܢ ܐܬܩܛܠ ܠܐ ܡܫܬܡܫܢ ܒܠܫܢܐ ܕܐܬܩܛܠ ܥܒܝܕܐ ܕܗܠܝܢ ܠܐ ܡܫܬܡܫܐ ܕܒܗ ܠܗܠܝܢ ܒܐܬܘܬܐ ܩܕܡܝܬܐ (ܬܬܦܪܩ[2] ܐܬܩܛܠ ܕܒܗ ܡܬܦܪܫܝܢ ܠܐ ܢܬܝܠܕܢ ܐܬܦܪܫܢ. ܐܬܚܝܒ. ܐܬܚܝܒ ܐܬܚܝܒ.. ܗܢܐ ܕܝܢ ܡܬܬܠܡܕܝܢ ܒܦܬܓܡܐ ܗܢܘܢ ܕܐܝܟ ܗܟܢ ܐܬܚܝܒ. (ܐܫܬܪܪ[3] ܐܬܦܪܫ.. ܘܠܘܬ ܗܠܝܢ ܫܘܠܡܐ ܕܡܬܬܩܢܐ ܒܦܬܓܡܐ ܠܡܬܦܪܫܘ ܕܐܝܟ ܕܢܬܚܙܐ ܒܣܘܟܠܐ. ܠܐ ܕܝܢ ܘܬܘܒ. ܠܐ ܡܫܬܡܥܐ ܒܪܫܐ.. ܘܫܘܠܡܐ: ܕܗܠܝܢ ܗܘܝܢ ܡܬܬܠܡܕܝܢ ܒܗ. ܘ. ܒܪܫܝܬ ܠܐ ܐܬܦܪܫܢ ܫܪܟ. ܐܠܐ ܒܬܪ.. ܘܟܠ ܐܝܟܢ ܫܪܟ ܕܡܬܚܫܒܝܢ ܐܝܟ ܡܠܬܐ ܡܬܬܩܢܢ. ܘܡܛܠ ܗܢܐ ܘܡܬܪܬܐ ܒܦܬܓܡܐ. ܘܟܠ ܐܝܟܢ ܕܠܐ ܡܫܬܡܥܐ ܡܬܬܩܢܢ ܒ(ܝ ܗ)ܒܬܪܬܐ ܠܗܢܐ: ܠܐ ܡܬܬܩܢܢ. ܠܡܐܡܪ ܕܝܢ ܕܢܬܚܙܐ ܕܠܬܚܬ ܕܠܐ ܢܗܘܐ ܒܬܪܐ ܐܝܟ ܐܠܦܐ ܕܫܪܟܐ. ܒܬܘܪܐ(ܒ)ܐ ܠܗܢܐ ܕܝܢ ܒܣܘܟܠܐ.. ܘܗܘ ܕܝܢ ܡܬܬܩܢ ܒܬܪܐ ܠܗܠܝܢ ܕܝܢ ܠܡܠܬ ܒܪܝܐ. ܘ. ܡܬܩܛܠ ܡܬܩܛܠܐ ܐܝܟ ܠܐܬܩܛܠ.. ܫܩܠ ܘܦܬܚ.. ܘܦܬܚ.. ܘܦܬܚ.. ܐܝܟ ܕܠܡܬܦܪܫܘ. ܐܝܟ ܕܝܢ ܐܬܚܫܒ ܕܡܬܪܫܡܢ ܠܐܠܦ ܒܬܪܐ ܒ(ܐ)ܡܬܚܝܐ ܐܬܠܐ. ܢܐܬܝܢ. ܫܐܠܝܢ.. (ܐܬܝܢ[1].. ܐܬܘܪܐ ܕܡܠܝܢ ܫܐܠܝܢ ܦܩܕܝܢ ܢܐܬܝܢ.. ܫܐܠܝܢ. ܐܝܟ ܫܐܠܝܢ ܐܬܝܢ ܫܐܠܝܢ.. ܘܗܠܝܢ ܦܪܝܫܐ ܘܦܩܕ ܘܐܦ ܐܠܐ ܒܦܬܓܡ ܚܕܐ. ܘܡܛܠ ܠܡܠܬ ܠܡܬܦܪܫܘ ܕܡܠܬܐ..

ܕܫܪܟܢ (ܘܫܘܠܡܐ[5] ܠܡܠܬܐ ܫܪܟܢ. ܢܡܠܐ ܢܬܦܩܕ.. ܢܐܬܐ ܢܫܐܠ.

1) lies ܐܫܬܘܪܪ.

2) lies ܬܬܦܪܩ s. cap. 26.

3) lies ܐܫܬܪܪ.

4) In diesen drei Formen sollte das Alaf nicht geschrieben sein.

5) Ms. ܘܫܘܠܡܐ und so nachher weiter, so dass das Manuscript 32 Capitel zählt; es scheint jedoch nicht, dass zwei Capitel ausgefallen wären. Ich habe die folgenden Nummern geändert, ohne es anzumerken.

[illegible]

[illegible]

1) Im Ms. folgt [illegible] mit den Tilgungszeichen; die folgenden Formen sollten offenbar heissen [illegible] [illegible].

2) lies [illegible].

3) Ms. [illegible] und [illegible].

4) lies [illegible].

5) Ms. [illegible].

ܝܩܪܐ. ܝܩܝܪܐ. ܝܠܕܐ. ܝܠ̈ܕܐ.. ܠܝܠܕܐ. ܠܝܠܕ̈ܐ.. ܐܠܐ ܕܝܢ ܠܢܘܗܪܐ.. ܝܩܪܐ. ܝܩܪܝܢ.. ܒܝܠܕܐ ܕܠܝܠܕ̈ܝܢ.. ܥܡܕܐ.. ܥܡ̈ܕܝܢ.. ܗܡܕܐ. ܗܡ̈ܕܝܢ. ܒܕܠܗܐ ܕܝܢ ܕܥܒܕ̈ܗܐ.. ܐܝܟ ܕܐܡܪܝܢܢ ܝܩܕܐ ܫܝ̈ܢܬܐ.. ܒܥܒܕܐ ܫܝ̈ܢܬܐ.. ܐܥܒ̈ܕܬܐ ܘܦܘܩܕܢܐ.. ܝܩܕܐ ܝܩܕ ܒܥܒܕܐ ܐܝܟ ܗܘ ܕܥܒܕܗܐ ܥܒܕ̣. ܡܠܘܐܐ ܗܘ ܗܡܕܐ ܗܡܡܕܐܝܬ.. ܥܗܘ ܝܩܕܐ ܚܕܐ. ܘܒܥܕܐ ܡܢ ܐܡܪܝܢܢ.. ܐܡܪ ܒܥܕܐ ܘܥܒ̈ܠܐ.. ܗܘ ܕܝܢ ܕܐܡܪܝܢܢ. ܐܡܪܝܢ ܒܥܕܐ.. ܗ̄.. ܒܠܒ̈ܥܕܐ.. ܘܒܠܒ ܒܠܒܐ ܘܐܡܪܝܢ.. ܗ.. ܒܠܒ̈ܥܕܐ ܕܒܥܕܐ ܘܒܠܒܐ..

ܕܒܗܪܝܢ ܘܬܘܒ. ܡܢ ܡܦܩܢܐ ܡܢܟܬܐ ܡܢܗܘܢܝܢ ܟܠ ܦܥܠܐ. ܐܥܠܠ ܕܠܒܝܢ ܐܡܪ ܗܘܐ. ܘܟܠ ܗܠܝܢ ܫܝ̈ܢܬܐ ܦܥܠܐ ܠܝ ܠܡܥܒܕܠܗ ܡܠܬܗ ܗܘܝܐ ܐܘ ܫܡܠܐܝܬ ܥܒ̈ܕܬܐ ܐܝܟ ܒܠܠܐ ܝܡܡܐ ܘܕܐܝܟ ܐܡܪܝܢ.. ܐܝܟ ܗܒܠ [1] ܝܡܡܬܐ. ܘܒܬܐ [1] ܝܩܪܐ. ܘܗܝܐ ܡܗ̈ܠܐ.. ܗܕܐ ܠܡܢ ܒܗܕܝܡܐ. ܥܒܕ̣ ܥܡ ܐܬܘܬܐ.. ܘ.. ܕܒܥܒܕܐ ܘܐܝܢܐ ܠܡܥܒ̈ܕܐ ܥܒܕܐ.. ܕܐܝܟ ܐܡܪܝܢ.. ܐܬܐ ܥܒܕܐܬܐ ܘܥܒܕܗܐ.. ܐܬܐ ܝܩܪܝܢܢ ܘܐܠܬܒܐ.. ܘܥܒܕ̈ܐ ܥܗܕܐ ܘܒܥܕܐ.. ܠܗܘܐ ܠܥܕܐ ܘܥܗܕܐ ܡܠܟܝܢ.. ܘܝܩܪܐ ܘܐܠܬܬܐ ܡܥܒܕܐ ܘܠܐ ܠܒܥܪܝܐ ܗܘܝܢ. ܐܟܘ ܠܥܕ̈ܐ ܘܒܗ̈ܠܐ ܗܒܒܬ ܐܘ ܒܗ̈ܠܐ ܘܡܠܡܝܐ.. ܘܐܦ ܡܢ ܡܥܡܠܘܡܕܝܐ ܡܢܟܬܐ ܥܒܝܕܐ ܕܬܗܘܐ ܡܠܝܠܬܐ. ܘܐܦܝܢ ܗܡ̈ܕܐ ܫܝ̈ܢܬܐ ܐܝܬ. ܕܐܬܘܬܐ .. ܘ.. ܐܡܪܝܢ ܐܠܝܢ. ܕܐܝܟ ܐܡܪܝܢ.. ܡܠܡܕܐ ܘܩܝܡܕܐ ܘܡܡܥܒܕܬܐ ܠܡܠܐ ܠܥܒܕ.. ܡܠܡܕܐ ܠܗܘܐ ܒܠܡܗܘܢ ܘܩܝܡܕܐ.. ܐܠܝܢ ܗܡܕ̈ܝܢܐ [2] ܫܝ̈ܢܬܐ ܕܢܝܢ ܡܢ ܐܝܬܝܐ ܠܗܘܢ. ܫܡܠܐܝܬ ܗܘܝܐ ܡܢܟܬܐ ܐܘ ܡܦܩܢܐ ܡܢܟܬܐ ܘܡܥܡܠܘܡܕܝܐ. ܕܐܝܟ ܐܡܪܝܢ.. ܐܟܘ ܝܩܪܐ.. (fol. b.) ܟ(ܒ)ܪܘ ܡܗ̈ܠܐ.. ܦܠܠܟ ܒܠܒ̈ܥܕܐ.. ܐܟ̈ܬ ܠܥ̈ܕܐ.. ܫܝܪܝܢ.. ܗܠܠܟܝܢ..

ܕܒܗܪܝܢ ܘܬܠܬܐ. ܐܥܒܕܐܝܬ ܐܝܟ ܒܕܘܗܕܐ ܥ̈ܡܠܐ ܡܢܟܬܐ ܕܟܠ [3] ܫܡܠܐܝܬ ܠܥ̈ܕܐ ܡܗܕܪܟܐ ܠܡܥܡܠܘܡܕܝܐ ܘܡܥܒܕܐܝܬ. ܒܠܒܐ ܗܘܐ ܠܡܢܟܬܐ ܕܟܠ ܕܝܢܐ ܡܦܩܢܐ ܠܦܥ. ܕܐܝܟ ܐܡܪܝܢ.. ܠܒܝܢ.. ܠܡܥܡܠܘܡܕܝܐ. ܡܥܒܕܐܝܬ ܠܒܝܢ.. ܡܢ ܟܠ ܫܡܠܐܝܬ ܠܥ̈ܕܐ ܕܝܢ.. ܠܒܝܢ ܠܬܐ.. ܠܒܝܢ ܝܠ̈ܕܬܐ..

1) Ms. ܝܡܡܐ und ܝܩܪܐ.

2) Ms. ܫܝ̈ܢܬܐ.

3) Ms. ܫܡܠܐܝܬ.

ܘܫܒ̈ܚܐ: ܡܕܢ̈ܚܝܐ ܕܡܢ ܕܢܚܐ ⁽[1] ܠܗ ܡܪܝܐ ܫܪܝ. ܗܟܢܐ ܗܘܐ ܒܫܠܡܐ ܕܫܪܝܐ. ܘܫܡܥܬܐ ܐܦ ܠܟܠܗܝܢ ܢܥܒܕ ܡܪܝܐ.. ܗ.. ܒܫܝܢܐ. ܒܫܠܡܐ ܕܡܢ ܠܥܠܡܐ ܥܠܡܝܢ. ܐܡܝܢ ܘܫܠܡܐ ܠܟܠܢ.. ܗ.. ܐܠܗܘܬܟ ܐܘ ܡܪܢ. ܗܫܐ ܘܥܠ ܥܠܡܝܢ ܡܪܝܐ ܠܟܠܗܘܢ ܘܡܕܢ̈ܚܝܐ ܫܒܩܬ ܢܥܒܕ ܕܐܢܬ ܐܠܗܢ. ܐܫܬܒܚ ܒܫܝܢܐ ܚܘܣܝܐ.. ܫܒܚܬܟ ܒܫܝܢܐ ܥܠܝܐ.. ⁽[2]ܫܒܚ ܒܫܝܢܐ ܥܡܡ̈ܐ.. ܐܬܠܝܟ ܒܫܝܢܐ ܥܠܡܝܢ..

ܕܢܬܩܝܡ ܠܥܠܡܐ ܡܢ ܢܫܡܬܐ ⁽[3]ܘܕܘܝܐ ܕܬܚܝܬ ܫܡܝ ܘܢܦܫܬܐ ܫܪܝܪܐ ܥܠܡܐ ܕܥܠܝܢ̈ܐ. ܡܕܝܢ ܕܙܕܝܩܐ ܕܐܬܐ ܥܠܝܗ ܡܢ ܢܫܡܬܐ. ܗܕܐ ܒܝܘܡ ܩܝܡܬܐ ܥܠܠܝܬܐ ܕܥܘܐ. ܥܠܝܗ ܕܡܢ ܕܝܘܐ ܘܕܡܥܬܐ ܕܒܫܢ. ܡܢ ܢܫܡ̈ܬܐ ܕܡܬܐ̈ܬܐ ⁽[4]ܘܡܬܡܕܝܢܐ ܐܡܝܢ ܫܡܝ ܘܐܦ ܐܪܥܐ. ܡܫܟܢ ܠܥܘܠܡܐ ܕܡܫܝ̈ܚܐ ܘܕܝܢܐ ܘܠܢܫܡ̈ܬܐ ܥܠܝܡܬܐ ܕܝܘܡܐ ܐܡܝܢ ܕܐܢܬ ܘܥܠܝܡܘܬܗܘܢ ܕܫܪܪܐ. ܗܢܘܢ ܕܡܢ ܕܠܥܠ ܢܫܡܬܐ ܗܕܐ ܘܠܥܠܡܝܢ̈ܐ ܕܢܥܝܢ ܒܩܘܡ ܡܢܘ̈ܬܐ.. ܗ.. ܕܥܠܝܐ ܘܠܢܫܡ̈ܬܐ ܠܪܘܚܗܘܢ ܒܝܘܡ ܠܚܝ̈ܐ ܥܬܝܕܝܢ. ܘܡܪܝܐ ܫܒܚ ܗܘ ܕܠܥܠܡ. ܠܐ ܢܬܚܝܒ ܢܦܫܐ.. ܗ.. ܒܫܝܢܐ.. ܘܐܦܠܐ ܢܦܫܐ ܗܘܝ ܠܒܫܝܢܐ. (fol. 219a.) ܫܘܒܚ ܒܝܘܡ ܥܘܠܡܝܢ ܘܠܚ̈ܝܐ ܠܥܠܡܝܢ ܡܪܝܐ.. ܐܢܬ ܕܡܢ ܕܠܥܠ ܕܥܠ ܥܠܡܐ ܠܝ ܠܥܘܠܡܐ ܘܠܝ ܡܫܡܫܢܐ ܡܢܚܡܬܐ ܕܒܗ ܕܥܠܝܐ. ܥܡܡܘܬܐ ܠܗ ܫܒܚܬܐ ܢܫܡܬܐ ܕܐܢܬ ܐܠܗܢ.. ܫܡܥ ܫܡܝ ܠܫܡܥܬܟ.. ܫܘܒܚ ܕܠܥܠܡ ܫܪܝܪ.. ܥܠܝܡܘܬܗܘܢ ܘܠܥܠ.. ܘܢܦܫܐ ܐܢܫܝ ܕܐܬܝܢ ܕܥܠ ܡܘܬ̈ܐ ܘܡܢ ܪܘܚܐ ܥܡܡ̈ܐ. ܐܬܝܢ ܥܠܡܐ ܡܫܡܫܢܐ ܗܘ ܘܥܠܗ ܠܥܘܠܡܐ؛ ܘܥܡܡܘܬܐ ܕܕܘܡ ܫܘܒܚ ܗܒܐ.. ܗܢܐܘܬܐ ܕܢܘܪܐ ܐܢܬ ܘܐܬܝܠܡܘܢ..

ܕܬܬܩܝܡ ܥܡܝ. ܐܝܟ ܥܠܡܐ ܕܪܘܚܐ ܐܡܝܢ ܕܥܒܝܕܐ ܥܡܠܐ ܕܢܫܡ̈ܬܐ؛ ܐܡܝܢ ܕܫܡܥܬ ܠܗܘܢ. ܫܪܝ ܥܡܠܐ ܘܫܘܡܠܝܐ ܠܢܦܫܬܐ ܐܠܗܘܬܐ. ܕܐܢܬ ܐܠܗܢ.

---

1) Im Ms. folgt hier das mit den Tilgungszeichen versehene Wort ܗܡܢܐ.

2) Nach der von Elias aufgestellten Regel darf man nur ܫܒܚܘ schreiben.

3) Im Manuscript sind die drei letzten Worte zweimal geschrieben.

4) Ms. ܘܡܫܡܕܘܬ.

ܐܫܬܡܫ ܡܢܗ̈ ܠܡܫ̈ܐܠܬܐ ܘܡܕܡ ܡܡܠܠܐ ܕܡܕܡ ܠܡܫܐܠܬܐ. ܡܕܡ ܕܝܢ ܗܕܐܡܐ ܘܡܫܡܫܐ ܕܡܢ ܕܡܬܠܫܬܐ ܠܗ̈ ܐܠܐ ܕܡܫܡܫܐ ܠܗ̈ ܗܕ̈ܡܐ ܡܫܡܫܠܐ ܘܡܠܘܗܝ ܡܠܝ̈ܐܗ̈. ܘܡܬܬܟܠܡܢ ܡܢܠܫܬܐ ܡܫܡܠܠܢܘܬܐ ܡܫܬܠܚܝ ܠܗܘܢ. ܘܡܫܡܫܠܚܝ ܠܫܡܪܐ. ܐܘ ܒܢܝ ܡܢܪܐ. ܗ.. ܐܢܫܐ.. ܘܡܠܟܐ.. ܘܡܢܫܡܫܐ ܘܡܠܟܐ.. ܘܡܠܟܐ ܕܥܠܐ ܘܡܕܟ̈ܝܬܗܘܢ ܕܡܫܡܠܢܐ ܕܢܫܡܪܐ ܐܠܗܝ. ܘܐܬܘ̈ܗܝ ܘܡܢܫܡܘܬܐ ܘܡܠܟܐ ܠܡܫܢܐ. ܘܐܡܠܟܝ ܕܠܐ ܡܫܬܥܝܢ ܫܘܡܫܐ ܫܡܫܐ. ܡܘܡܬܐ ܕܝܢ ܡܫܡܠܝ ܗܠܝܢ ܠܫܡ ܐܚܪܢܐ ܡܫܡܫܢ ܐܬܡܫܠܡܬܐ ܡܫܡܠܐ ܗܟܢܐ ܡܬܡܫܠܡܫ ܡܫܬܡܫܐ. ܘܐܠܐ ܠܐ ܕܗܠܝܢ ܗܟܢܐ ܗܟܝ. ܐܡܬܐ ܡܫܡܠܠܝܢ ܗܟܢ ܠܫܡܐ ܕܡܠ̈ܬܐ ܘܡܕܡ ܠܗ ܡܕܡ̈ܝܐ. ܐܠܐ ܘܡܫܬܟܚܢ ܘܐܫܡܬܐ.

ܕܬܡܢ ܡܫܡܠܐ ܡܕܡܢܐ ܐܘ ܐܢܐ ܗܕ̈ܡܐ ܡܢܘܬ ܥܠܝܗ ܠܡܫܐܠܬܐ ܐܘ ܡܠܬܐ ܡܫܡܫܢܐ ܠܗ̈ ܐܚܪܢܐ ܡܫܡܠܠܢܐ ܢܫܡܐ. ܘܠܐ ܥܠ̈ ܡܠܗ. ܐܢ ܕܝܢ ܡܫܬܡܠܠܢܘܬܐ ܠܐ ܡܫܬܟܚܐ ܡܠܬܐ ܫܡܠܐ ܘܫܡܫܠܐ ܢܫܡܐ. ܫܘܝܢ ܐܢ ܢܐܡܪ ܡܠܟܐ ܗܫܡܫܐ. ܘܗܠܝܢ ܡܐܡܪܐ ܠܐ ܐܬܬܘܝ ܡܢܘܬ. ܠܗܘܐ ܐܢܐ ܠܡܫܡܫ. ܡܠܟܐ ܗܫܡܫܐ ܡܠܝ̈ܢ. ܘܗܠܝܢ ܡܐܡܪܐ ܣܘܡ ܗܘܐ. ܘܐܢ ܢܐܡܪ ܡܠܟܐ ܢܫܡܐ ܘܗܠܝܢ ܡܡܠܠ. ܐܢ ܠܐ ܢܡܘܬ ܗܠܝܢ ܡܡܠܐ ܡܢܗ. ܐܘ ܡܠܟܐ ܢܫܡܐ ܢܡܘܬ. ܠܐ ܡܫܬܡܠܝܢ ܗܕܡܐ. ܫܘܝܢ ܥܡ ܡܢܗ ܡܫܡ̈ܠܢܐ. (fol. b.) ܡܫܬܡܠܘ̈ܬܐ ܠܗܕܐ ܕܕܠܝܬ ܠܕܘܡ̈ܝܐ. ܕܕܠܝܬ ܒܢܝ ܡܫܠܡܢ ܐܬܬܘܗܝ ܕܝܠܗ. ܡܕܡܢܐ ܗܟܢܐ ܡܠܬܐ.. ܗ.. ܠܗܕܐ ܕܠܚܡܐ. ܫܘܝܢ ܣܡܠܢ. ܕ. ܗܘܐ ܠܫܡܠܐ. ܘܠܐ ܢܫܬܡܥܘܢ ܒܢܝ ܦܢܝܬܐ ܡܢܘܬ. ܘܗܠܝܢ ܗܘܐ ܠܗܕܐ ܕܠܝܬ ܠܕܘܡ̈ܝܐ. ܐܝܟ ܕܠܗܘܐ ܫܡܝܢܬܐ. ܐܡܬܐ ܕܐܡܪ ܡܢܗ ܐܚܪܢܐ. ܠܗܕܐ ܕܠܝܬ ܠܕܘܡ̈ܝܐ. ܡܢܗ ܠܡܫܗ ܐܫܬܡ ܘܐܝܟ ܡܕܡܝܢ ܡܠܬܐ. ܠܗܕܐ ܕܕܠܝܬܗ ܕܫܡܫܐ. ܣܘܡ ܠܐܢܫܐ ܘܠܡܫܡܫܐ. ܐܝܟ ܕܝܢ ܕܠܕܘ. ܕܐܢ ܡܫܬܡܥ ܡܕܡܢܐ ܒܢܝ ܡܠܟܐ. ܐܘ ܦܘܪܫ. ܠܐ ܡܫܬܡܥܐ ܡܢܘܬ.. ܕܐܡܪ ܐܢܫ.. ܢܨܪܐ ܐܫܝܘܬ [1] ܚܡܪܐ. ܘܠܘܬ ܢܨܪܐ ܐܫܝܘܬ.. ܡܕܡܢܐ ܕܝܢ ܕܡܕܡܢܐ. ܐܬܪܐ ܕܢܨܪܐ ܫܡܥܐ ܚܡܪܐ.. ܢܨܪܐ ܫܡܥܐ ܥܠܬܐ. ܢܨܪܐ ܡܫܡܠܐ ܫܡܥܬܐ. ܘܐܡܬܐ ܠܘܬ ܕܡܠܟܘܬܗ ܕܗܠܝܢ ܡܫܬܡܥܝܢ ܡܕܡܢܐ. ܐܬܪܐ ܕܢܨܪܐ ܡܫܡܠܐ. ܘܐܬܪܐ ܘܡܫܠܠܡܐ. ܢܨܪܐ ܢܫܡܐ ܘܡܕܡܐ

1) lies ܚܡܪܐ.

ܗ̈ܠܝܢ ܡܫܡܗܢ̈ܝܬܐ ܡܠܬܐ. ܐ. ܐܠܗܐ ܕܐܝܬܘܗܝ ܡܫܝܚܐ ܐܘ ܦܪܘܩܐ ܘܡܠܟܐ. ܐ. ܡܪܝܐ.. ܦܪܘܩܐ.. ܡܠܟܐ.. ܗܠܝܢ ܬܠܬܐ ܡܫܡܗܢ. ܐ.. ܐܠܗܝܬܐ.. ܫܡ̈ܗܝܐ ܐܢܘܢ ܘܡܫܡܗܢܝܢ ܒܢܘܗܪܐ ܘܐܦ ܒܫܡܐ (1 ܕܚܢܢܝܘܬܐ ܘܠܡܫܝܚܐ ܠܡܪܝܐ ܡܫܡܠܝܢ. ܕܟܕ ܠܐ ܐܝܬ ܡܫܡܗܢܝܢ ܒܫܡܐ ܗܢܐ.. ܘ.. ܡ.. ܘܡܫܡܗܢ.. ܐ.. ܘ.. ܡ.. ܦܪܘܩ ܠܗܘܢ ܠܡܫܡܗܢܘܬܐ ܕܐܝܬ ܐܝܬܝܗ̈ܝܢ ܡܫܡܗܢ̈ܝܬܐ ܕܐܝܬ ܒܗܘܢ ܐܦ ܐܝܟ ܕܐܝܬܝܗ̈ܝܢ ܡܫܡܠܝܢ.. ܐ.. ܘܡ.. ܐܝܬܝܗ̈ܝܢ ܡܫܡܗܢ̈ܝܬܐ ܘܡܫܡܠܝܢܘܬܐ ܘܡܫܡܗܢܘܬܐ ܕܠܐ ܡܬܦܠܓܢ ܐܝܟ ܕܡܫܡܠܝܢ ܡܫܡ̈ܗܐ ܘܒܬ̈ܪܝܐ ܡܢ ܠܘܬ ܗܘܢ ܐܝܟ ܡܠܬܐ ܕܐܝܬܘܗܝ. ܐܘܟܝܬ ܗܢܐ ܠܗܘܢ ܐܝܟ ܕܠܗ ܡܫܡܠܝܢܐ ܕܐܝܬܝܗ̈ܝܢ ܡܠܟܐ ܡܫܡܗܢܬܐ ܡܫܡܗ ܡܢ.. ܐ.. ܘ.. ܡ.. ܡܫܡܠܝܢ ܕܐܠܐ ܠܗܘܢ ܡܫܡܠܝܢ ܘܡܠܟܝܢ ܠܐ ܡܫܡܗܢܝܢ. ܐܠܐ ܡܫܡܗܢ ܐܝܟܐ ܕܐܝܬ ܡܫܡܗܢܘܬܐ ܐܢܐ ܡܫܡܠܝܢ..

ܘܬܘܒ ܡܫܡܗܢܝܢ ܠܫܡܗܐ ܐܘܟܝܬ ܡܫܡܗܢܝܬܐ ܕܦܪܝܡܢܝܐܣ ܡܫܡܗܐ ܡܫܡܠܝܢ ܘܡܫܡܗܐ ܐܝܟ ܠܗܢ ܐܘܟܝܬ ܘܡܠܬܐ. ܡܫܡܗܐ ܕܐܝܬ ܫܘܡܗܐ ܡܪܝܐ ܘܡܫܡܗܢܐ (2 ܐܚܪܢܝܢ ܐܝܟ ܕܡܫܡܗܢܐ ܘܡܫܡܠܝܢ ܡܫܡܗܢܝܢ ܘܡܫܡܠܝܢ ܡܫܡܗܐ ܫܘܡܗܐ.. ܘܠܐ ܡܫܡܗܢܝܢ ܡܫܡܠܝܢ ܡܫܡܗܢܘܬܐ ܘܠܐ ܡܫܡܗܢܝܢ ܡܢ ܐܚܪܢܐ ܘܡܠܬܐ ܡܫܡܠܝܢܐ ܐܢܫܐ ܘܐܠܗܐ. ܘܠܐ ܡܫܡܗܐ ܡܫܡܗܢܝܢ ܡܫܡܠܝܢܐ ܐܠܐ ܡܫܡܗܢܐ ܡܫܡܠܝܢܐ. ܐܠܐ ܐܚܪܢܐ ܕܡܫܡܗܢܘܬܐ ܐܘ ܡܫܡܗܐ. ܐܘ ܕܡܫܡܗܢܘܬܐ ܡܫܡܠܝܢ ܡܫܡܗܢܐ ܐܘ ܡܫܡܠܐ ܐܠܐ ܡܫܡܗܢܐ ܡܫܡܠܝܢ ܘܡܫܡܠܝܢ. ܘܠܐ ܡܫܡܗܢܝܢ ܡܫܡܗܢܘܬܐ ܕܡܫܡܠܝܢ ܘܡܫܡܗܢܐ ܐܚܪܢܐ ܕܡܫܡܠܝܢ ܐܝܟܐ ܠܡܫܡܗܢܘܬܐ ܠܡܫܡܗܢܐ ܘܡܫܡܠܝܢ ܠܡܫܡܠܝܢ ܐܠܐ ܡܫܡܗ ܡܫܡܗܢܘܬܐ (fol. 218a) ܐܚܪܢܝܢ ܡܫܡܗܢܝܢ ܐܚܪܢܝܢ ܡܫܡܠܝܢܐ ܕܡܫܡܠܝܢ ܡܫܡܗܢܝܢ ܡܫܡܠܝܢ. ܡܫܡܗܢܘܬܐ ܗܕܐ ܡܫܡܗܐ ܡܫܡܠܝܢ ܐܠܐ ܡܫܡܗܢܘܬܐ ܡܫܡܠܝܢܘܬܐ ܐܝܟ ܕܐܚܪܢܝܢ ܡܫܡܠܝܢܐ. ܘܡܫܡܗܢܐ ܐܝܟܘܬܐ ܕܡܠܬܐ ܐܚܪܢܐ ܠܡܫܡܗܢܘܬܐ ܕܦܪܝܡܢܝܐܣ ܡܫܡܗܢܘܬܐ. ܡܫܡܠܝܢ ܡܫܡܠܝܢ ܡܫܡܗܐ ܡܫܡܗ. ܘܐܫܬܡܠܝܢܐ ܐܚܪܢܐ ܕܠܐ ܐܫܬܡܗܝ (sic) ܡܫܡܠܝܢ ܐܝܟܢ ܕܡܢ ܡܫܡܠܝܢ ܠܡܫܡܗ ܐܚܪܢܐ. ܐܚܪܢܐ ܡܠܬܐ ܕܦܪܝܡܢܝܐܣ ܐܚܪܢܝܢ ܡܫܡܗ ܡܫܡܠܝܢܐ ܡܫܡܗܢ ܡܫܡܗܢܘܬܐ. ܡܫܡܠܝܢ ܕܡܢ ܐܚܪܢܐ ܘܐܫܬܡܠܝܢܐ ܡܫܡܗܢܘܬܐ ܕܡܫܡܠܝܢ ܠܡܫܡܗܢ. ܘܡܫܡܠܝܢ ܕܡܫܡܗܢ. ܘܡܫܡܠ ܡܫܡܠܐ (3 ܡܫܡܗܢܘܬܐ. ܡܫܡܠܝܢ ܕܡܢ ܡܢ

1) Das erste Nun ist im Ms. überschrieben.

2) Ms. ܐܚܪܢܝܢ.

3) Ms. ܡܫܡܗܢܘܬܐ.

ܦܘܩ.. ܐܣܝܩ.. ܐܣܩܐ.. ܐܣܝܟܠ.. ܐܦܣܩ.. ܘ.. ܡ.. ܕܝܢ ܡܫܡܥܢ ܐܝܟ ܠܡܥܒܕܢ.. ܡܦܩܝܢ.. ܠܡܦܩܢ.. ܠܡܦܩܘܢ.. ܡܡܫܡܥܝܢ. ܝܡܫܡܥܝܢ. ܢܫܡܥܝܢ ܗܠܝܢ ܝܗܒ.. ܘ.. ܡ.. [1] ܡܫܡܥܢܘܬܐ (ܗ)ܢܝܢ ܕܡܦܩ ܠܗܝܢ.. ܕܡܬܐܡܪܢ ܡܠܐ.. ܐܝܟܢܐ ܗܟܢ ܠܗ [2] ܐܬܝܠܝܕܬܐ ܕܕܐܝܬ ܗܠܝܢ.. ܘ.. ܡ.. ܡܐܡܪ ܗܟܢ ܗܘܐ ܡܫܡܥܢܘܬܐ ܘܠܗ ܡܠܐ.. ܘ.. ܡ.. ܐܝܟ ܝܗܒܐ.. ܘܣܘܦ ܐܦ.. ܦܘܩ ܠܚܘܕ. ܡܦܩ.. ܠܗܘ ܐܝܟ ܕܠܘܩܒܠ ܗܟܢܐ ܕܡܫܬܡܫܢܐ [3] ܐܠܐ ܗܘ ܕܡܦܩܝܢܗ.. ܡܬܬܦܩܢܐ ܕܝܢ ܠܡܫܡܥܢܐ ܕܐܬܐܡܪܬ ܕܡܦܩ ܗܠܝܢ ܐܬܩܢ.. ܘ.. ܡ.. ܡܫܬܡܥܢܐ ܡܟܝܠ ܠܡܫܡܥܢܘܬܐ ܕܩܝܡܬܐ.. ܐܘ ܡܠܐ ܘܡܦܩܢܘܬܐ ܕܐܬܐܡܪܬ ܡܫܡܥܢܘܬܐ. ܦܩܕ ܗܘ ܕܡܦܩ ܦܘܩܕܢܐ ܡܫܡܥܢܘܬܐ ܡܐܡܪ ܐܝܟ ܡܠܟܘܬܐ ܗܟܢܐ ܐܝܟ ܐܝܟܢ ܫܘܠܛܢܐ.. ܐܝܟܢ ܐܦ ܠܐܡܪ ܡܦܩܝܢ ܡܢ ܠܐܡܪ ܠܗܘܐ ܠܒܪܐ ܦܘܩܕܢܐ. ܠܗ.. ܗ.. ܕ.. ܡ.. ܡܐܡܪܬܐ.. ܐܠܐ.. ܐ.. ܕܡܠܬܐ ܕܝܢ.. ܐ.. ܡܦܩܢܘܬܢ.. ܡܬܬܡܠܠܝܢ.. ܕܠܘܬ ܡܬܡܠܠܢܘܬܐ ܝܬܝܪܐܝܬ ܡܫܝܢܐ ܗܟܢܐ ܐܬܩܢܬܐ ܐܣܬܟܠܬܐ ܘܡܦܩܢܘܬܐ ܠܡܦܩܐ.. ܘ.. ܡ.. ܡܠܠܝܢ ܐܠܝܢ ܐܝܟ.. ܐ.. ܠܘܬ ܗܘܐ ܐܠ ܐܝܟ ܠܡܬܡܠܠܢ ܗܟܢܐ ܐܣܬܟܠܬܐ.. ܘܠܐ ܠܫܡܥܐ ܐܝܟ ܕܐܡܪܢ.. ܕܠܐ ܠܡܬܩܢܝܢ ܘ.. ܡ.. ܐܝܟ ܠܘܬ ܦܩܘܕ.. ܦܘܩ.. ܦܘܩ.. ܦܩܘܕܘ.. ܦܘܩܕܐ. ܡܦܩܕܐ (fol. b.) ܦܩܕܐ.. ܝܦܩܕܐ.. ܦܩܕܬܐ.. ܦܩܝܕܐ.. ܗܠܝܢ ܝܗܒ ܐܬܩܢܬܐ. ܡܠܬܐ ܡܬܬܡܠܠܢܘܬܐ ܐܝܟ. ܘܠܡܐ.. ܐ.. ܐܢܐ.. [4] ܐ.. ܘ.. ܡ.. [5] ܠܡܬܩܢܘܬܐ ܕܡܬܐܡܪܢ ܡܠܬܐ ܕܐܬܩܢܘܢ.. ܠܡܬܐܡܪܢ ܒܢܝ ܡܫܡܥܢܘܬܐ ܐܝܟ.. ܐ.. ܒܢܝ ܦܘܩܕ.. ܦܘܩܕ.. ܘܠܗ ܐܝܟܢܐ ܕܩܘܡ ܡܬܩܢܝܢ. ܐܠܐ ܠܐ ܝܦܩܘܢ ܡܫܡܥܢܐ ܡܠܝܗܘܢ ܗܘܐ.. ܦܩܘܕ ܡܬܬܡܠܠܢܘܬܐ ܠܘܬ.. ܘ.. ܡ.. ܐܡܪܝܢ. ܘܠܗ ܠܘܬ ܐܬܩܢܬܐ ܕܡܦܩܐ.. ܡܢ ܡܫܡܥܢ ܐܘ ܡܢ [6] ܡܫܬܡܥܝܢ.. ܗܠܝܢ ܕܝܢ ܘܡܦܩܐ.. ܗ.. ܕ.. ܕܦܩܘܕ

---

1) Das He ist im Ms. übergeschrieben.

2) Ms. ܐܬܝܠܕܬ.

3) lies ܘܠܐ.

4) das ܐ ist zu streichen.

5) Im Ms. folgen hier die Worte ܕܐܬܬܩܢܝ ܡܠܬܐ mit Tilgungszeichen versehen.

6) Hier folgt im Ms. noch ein ܐܘ.

ܕܡܢ ܠܩܕܡ ܝܚܝܕܝܐ.. ܕܐܝܟ ܐܡܝܢ.. ܡܢܗܪܐ.. ܡܫܬܩܐ.. ܡܫܝܚܐ.. ܡܬܒܣܡܢܘ.. ܡܬܒܣܡܢܘ ܘܡܢ.. ܚ: ܪ: ܒ: ܟ: ܪ: ([1]ܛ: ܩܛܠܝܢ ܡܩܛܠܝܢ ܡܥܢܝܢܐ. ܐܠܦܐ ܕܡܢ ܕܢܦܠܐ ܠܡܕܒܪܢܘܬܐ ܐܬܘܬܐ ܐܡܬܝ ܕܝܠܗ.. ܐ.. ([2]ܡܬܬܪܓܡܢܘܬܐ.. ܗ.. ܕܡܢ ܗܠܝܢ.. ܗܢܘܢ.. ܗ.. ܗܠܝܢ.. ܘ.. ([3]ܡܬܬܪܓܡܢܘܬܐ ܐܠܦ ܐܠܗ ܠܐܒܘܢ ܘܥܡܝܕܗ ܗܠܝܢ. ܝ.. ܐܠܦܝܢ ܡܬܬܪܓܡܢܘܬܐ ܐܡܝܢܐ ܗܠܝܢܐ ܐܬܘܬܐ ܕܫܘܚܠܦ.. ܘܗܢ.. ܗ.. ܐ.. ܡܬܚܫܒܝܢ ܕܠܐ ܡܪܝܡܐ ܗܘܐ. ܡܬܝܒܠ ܕܐܦ ܡܠܝܠܐ ܝܗܒܐ ܗܘܝܘ ܠܗܘܢ ܗ(ܘ)ܝ ܡܐܬܝܐ ܡܬܬܪܓܡܢܘܬܐ ܡܪܟܐ ܐܘܟ ܠܡܬܪܘܬ ܕܐܬܝܬܐ ܐܡܪ. ܟ .ܡܢ ܡܬܬܩܢܢܐ ܦܠܝܓܘܬ .ܐ. ܐܡܬܝ ܦܬܝܐ.. ܘܐܦ ܐܠܗ ܠܐܒܘܢ ܕܐܦ ܟܝܢܐ.. ܟ.. ܗܠܝܢ.. ܕܗܫܒܢܢ ܐܡܬܝ ܡܬܬܪܓܡܢܘܬܐ ܡܬܦܫܩܢܐ ܠܐ ܢܦܠܐ.. ܒܠܚܘܕ ܝܘܡ ܗܕܘܡܐ ܡܪܝܡܐ.. ܕܠܗܘܢ ܡܬܬܪܓܡܢܘܬܐ ܡܠܠܝܢ ܥܡܗ.. ܚ.. ܕ.. ܕܚܪܬܐ.. ܫܪܟ ܕܐܝܬܘܗ ܡܬܬܪܓܡܢܘܬܐ. ܡܛܠ ܟܠ ܘ ܕܐܦ ܗܘܐ ܗܟܢܐ ܗܘ: ܟܠܗ ܗܘܬ ܕܠܐ ܠܡܬܬܩܢܘ ܗܘܐ ܡܕܘܡܐ.. ܘ.. ܡܢ ܡܠܬܐ ܐܠܐ ܡܢ ܡܡܪܐ ܡܬܬܩܢܢܐ. ܐܬܬܐ ܕܝܘܡܢܐ ܕܐܝܟ ܐܡܝܢ. ܡܕܡ ܠܐ ܟܝ ܚܕܐ. ܗܠܝܢ ܝܘܡ ܩܠܦܠܝܢ. ܦܠܓ ܡܪ ܒܬܪܝܢ ܗܕܝܢ ܦܬܐ ܘܡܬܦܪܫܝܢ ܗܕܝܢ ܡܬܩܘܡܢܐ ܘܡܬܚܠܦܝܢ ܗܕܝܢ.. ܟ.. ܚ.. ܘܠܘܬ ܐܠܗܘ ܕܫܪܝ ܐܘܪܚܐ ܒܝܢ ܗܠܝܢ ܕܠܬܠܝܢ ܐܠܦܝ.. ܠܗ ܡܢ ܠܗ ([4]ܢܦܩ) ܕܐܦ ܡܬܬܪܓܡ(ܢ)ܘܬܐ.. ܗ.. (fol. 217a) ܡܟܝܠ.. ܠܟܬ.. ܫܪܟ.. ܦܪܟ.. ܕ(ܟ)ܬܟ.. ܘܕܘܢ.. ܘܡܟܢ.. ܟ.. ܐܠܦܝ ܚܠܦ ܕܡܢ ܠܟܘ ܡܬܕܒܪܝܢ ܡܬܬܪܓܡܢܬ ܡܪܘܪܐ ܦܪܟ.. ܦܪܝܫܐ.. ܡܠܝܫܬܐ.. ܡܕܪܫܬܐ.. ܦܪܝܫܬܐ.. ܡܬܝܒܠ ܕܗܢܝܢ ܐܠܝܢ ܐܠܦܬܐ ܡܠܟܘܬܐ.. ܐܘ ܦܠܝܓܘܬ ܡܠܬܢܝܬܐ.. ܗ.. ܕܡܬܩܢܝܢ ܡܬܬܪܓܡܢܘܬܐ ܡܬܬܩܠܠܐ ܗܕܝܢܐ. ܘܝܘܡܐ.. ܘܡܠܬܐ.. ܗ.. ܘ.. ܗ.. ܡܪܟ ܐܡܪ ܕܡܬܝܬܐ ܕܠܗܠܐ ܐܪܥܢܐ ܚܝܐ ܐܠܦܬܐ ܡܬܬܪܓܡܢܬܐ.. ܘܐܡܪܬܐ ܦܠܓܐ.. ܐܘ ܡܦܩܬܐ.. ܕܐܝܟ ܐܡܝܢ.. ܡܒܝܢ.. ܡܪܟ.. ܗܘܐ.. ܦܪܝܫ..

1) Zu ergänzen ܒ und nach dem Têth ܠ : ܛܠ.

2) Ms. ܡܬܬܪܓܡܢܘܬܐ.

3) An Stelle des zweiten Jud hat im Manuscript ursprünglich ein Vau gestanden.

4) Nach den noch vorhandenen Spuren scheint dies Wort hier gestanden zu haben.

ܦܘܩܕܢܐ ܠܦܥܠܬܐ ܗܘܐ. ܟܕ ܕܝܢ ܡܬܦܥܠܐ. ܐܠܐ ܡܣܬܒܪܐ ܕܡܬܡܠܝܐ ܟܠ ܡܬܐܡܪܐ.. ܗ.. ܐܘ ܦܩܘܕܐ.. ܡܣܬܒܪܐ ܕܝܢ ܡܬܦܥܠܬܐ ܡܫܬܠܚ ܡܬܐܬܦܥܠܢܘܬܐ ܕܡܛܠ ܡܬܡܣܟܢܐ. ܘܡܣܬܒܪܢܐ ܠܘܬ ܡܬܟܢܫ ܐܬܦܥܠ. ܐܡܪܬ ܕܐܡܪܬ. ܡܬܡܪܐ. ܡܬܐܡܠܠܢܘܬܐ [1] ܘܡܣܬܟܠܝܢ ܠܡܣܬܟܠ ܠܦܘܪܫܐ. ܐܘ ܣܘܟܠܐ ܦܘܪܫܐ ܡܛܠ ܕܡܬܡܪ. ܦܩܘܕܐ [2] ܐܬ ܠܟܠܗ. ܠܦܘܕܢܐ ܐܘܫܛܘ ܐܘܟܠ ܡܘܣܬܐ ܡܫܟܚ.. ܡܠܠܢܐ ܕܝܢ ܦܘܩܕܢܝܐ ܡܫܡܠܝܢ.. ܐܘܦܬܩܝܬܝܢ ܦܪܝ ܡܬܦܩ ܦܘܩܕ ܦܪܝ ܦܘܩܕܢܝܬܐ.. ܐܡܪܬ ܦܩܘܕ. ܘܡܬܦܩܕܐ. ܦܩ. ܐܘܟܠ ܐܝܟ ܗܘܐ ܠܡܦܩܢܐ ܡܢ ܠܐ ܟܠܐ ܕܝܢ ܡܢܐ ܡܬܐܡܠܠܢܘܬܐ ܟܠ ܡܛܠ ܦܘܩܕܢܐ ܦܘܩܕ ܠܗ.. ܗܘܠܐ ܐܘ ܡܣܬܒܪܐ. ܦܩܘܕ ܦܪܝ ܐܡܪ ܕܡܬܦܩܕܐ ܡܬܦܩܕܝܢ ܠܦܘܩܕܐ ܦܘܩܕ ܠܗ. ܡܢ ܠܐ ܠܟܠܗ ܠܠܗ. ܐܘܦܐܘܡ. ܡܦܩܕ ܕܝܢ ܕܦܘܩܕ ܐܡܪܬ.. ܐܘܠ.. ܡܢ ܠܦܘܩܕ ܡܬܦܩܕܝܢ ܘܦܬܦܩܕܬܐ ܐܘܟܠ ܦܘܩܕܢܬܐ ܐܡܪܬ ܕܡܬܦܩܕܢܐ.. ܡ.. ܐܘ.. ܕ.. ܐܘ.. ܠ.. ܟܠ ܡܦܩܕ ܠܐ ܐܦܩܕܬܝܢ ܕܦܩܕ ܡܬܦܩܕܝܢ.. ܐܦ ܠܐ ܡܦܩܕܝܢ ܡܦܩܕܐ ܐܘ ܦܩܕܬ. ܐܘ ܠܦܩܕܐ. ܐܘ ܐܡܪ ܠܐ ܐܦܩܕܬܝܢ ܕܦܩܕ ܡܬܦܩܕܝܢ ܐܘܟܠ ܡܬܐܦܩܕܢܘܬܐ. ܘܠܐ ܡܦܩܕܐ ܗܘܬ ܕܝܢ ܡܬܐܦܩܕ ܗܘܐ ܕܦܩܕ ܠܐ ܡܬܦܩܕܢܐ ܗܘܐ ܗܘ.. (fol. b.) ܗܘܐ ܡܦܩܕܐ܀

ܡܬܦܩܕܢܘܬܐ ܐܝܟ ܠܦܘܩܕܢܐ ܡܬܟܠܐ ܘܦܘܩܕܐ [3] ܡܦܩܕܐ ܕܐܬܦܩܕ ܐܡܪܬ ܕܐܦܩܕ ܦܩܕܐ ܕܐܝܟ ܐܡܪܬ ܕܦܩܕܝܢ ܐܟܘܬ ܡܬܐܦܩܕܝܢ ܡܦܩܕܢܘܗܝ. ܘܦܩܕܝܢ ܐܟܘܬ ܠܡܦܩܕܐ ܠܐ ܡܦܩܕ. ܗܘܐ ܕܝܢ ܡܦܩܕܝܢ.. ܡ.. ܡܦܩܕ ܐܦܩܕܝܢ ܠܐ ܡܦܩܕ ܡܦܩܕܢܘܗܝ.. ܡܦܩܕ.. ܐܦܝܢ ܠܡܦܩܕ ܘܡܬܦܩܕܢܐ ܠܦܩܕܐ ܐܦܩܕ ܡܦܩܕ.. ܗ.. ܠܦܩܕ ܐܟܘܬ ܗܘܐ ܡܦܩܕ ܗܘܐ ܠܡܬܦܩܕܝܢ ܐܡܪ [4] ܐܡܪ.. ܦܩܘܕܘܗܝ.. ܦܩܘܕܘܗܝ.. ܦܩܕܘܗܝ.. ܦܩܕܘܗܝ.. ܦܩܕܘܗܝ.. [5] ܘܦܩܕܝܢ ܐܟܘܬ ܕܡܬܦܩܕܝܢ ܠܐ ܡܦܩܕܐ.. ܐܡܪܬ ܕܐܦܠܐ ܠܟܠܗ ܡܦܩܕܢܐ.. ܕܦܩܘܕܝܢ

1) Das Qôf ist im Ms. übergeschrieben.

2) Ms. ܐܬ.

3) lies ܡܦܩܕܐ ܘܦܩܕܐ ܟܠ oder ܡܦܩܕܐ ܘܦܩܕܐ.

4) Die folgenden Formen sind so wiedergegeben, wie das Ms. sie bietet, soweit der Druck der Punkte möglich ist.

5) Ms. ܠܦܩܕܝܢ.

ܛܠܐ.. ܐܝܟ ܡܘܪ̈ܩܢܐ ܥܒܝܪܐ.. ܥܢܝܢܬܐ.. ܐܡܝܢܐ ܥܒܝܪܐ ܐܡܝܢܘܬܐ.. ܝܠܗܘܢ. ܐܝܟ ܡܪܕܘܬܐ ܘܡܫܘܚܬܐ ܡܫܘܚܬܐ ܐܬܪ.. ܐܪܥܐ.. ܫܡܝܐ ܡܬܪܘܬܐ ܐܡܝܢܘܬܗ.. ܩܕܡܝܐ.. ܡܫܘܚܬܐ ܡܫܝܚܐ ܗܘܐ.. ܐܪܥܐ ܐܝܬܝܗ̇ ܕܡܫܘܚܬܐ.. ܡܫܘܚܬܗ ܡܬܘܚܬܐ ܐܡܝܢܘܬܐ.. ܗܕܡܝܢܬܐ.. ܡܫܘܚܬܐ ܡܬܘܚܬܐ ܐܡܝܢܘܬܐ.. ܝܡܝܢܐ.. ܕܥܠܝܗ ܒܝܪܐ ܗܘ̇ ܡܫܘܚܬܐ.. ܐܬܘܪܝܐ ܡܬܘܪܝܐ ܐܝܬܝܗ̇ ܡܐܢܐ ܗܘ̇ ܡܫܘܚܬܐ ܐܘ ܡܫܘܚܬܐ ܡܬܢܝܢܐ ܢܡܘܣܐ.. ܢܘܡܐ ܡܢܘܡܐ ܗܘ̇. ܐܪܥܐ ܐܝܬܝܗ̇ ܕܡܫܘܚܬܐ.. ܗܘ̇ ܕܫܡܫ ܡܢܗ ܕܫܡܫ ܗܘ̇ ܝܘܡܐ.. ܐܝܟ ܡܫܡܫܢܐ ܐܘܡܢܘܬܐ.. ܐܘ ܦܠܝܛܘܬܐ ܡܡܠܠܐ. ܠܡܩܪܒ.. ܘ.. ܟܠ ܡܠܘܐ ܡܬܡܠܝܐ ܡܢܐ ܡܢܐ ܐܢܐ ܕܝܢ. ܘܡܬܡܠܠܢܘܬܐ ܡܢܐ ܕܠܡ ܡܬܦܫܩ ܐܢܐ [1] ܕܝܢܐ ܠܥܠܡ. ܘܡܬܩܪܝܢܐ ܕܝܢܐ ܡܬܘܡܐ.. ܘܡܠܐ ܕܝܠܗ ܘܡܫܡܫܢܐ ܕܟܠܝܐ. ܘܐܢܬܬܐ ܕܝܘܡܐ ܐܡܝܢܘܬܗ.. ܠܡܫܘ ܕܝܢ. ܟܠ ܡܬܡܫܚܬܐ ܡܬܚܫܒܐ. ܕܡܬܐ ܦܠܝ ܐܢܐ [2] ܕܐܬܐ ܡܫܡܫ ܠܡܐܡܪ.. ܐܢܫܐ ܕܝܘܡܐ ܠܡܐܡܪ ܐܬܐ.. ܠܡܐܡܪ.. ܐܝܟ ܕܕܝܢ ܡܠܟ ܠܡܟܟܟܠ ([3] ܠܡܠܟܬܐ ܡܠܟ̈ܘܬܐ ܡܙܡܪ (fol. 216a) ..ܗ.. ܡܟܟܠܬܐ ܗܘܐ.. ܘܐܡܪ ܐܢܫܐ ܕܡܠܟ ܠܡܠܟ ܚܙܐ ܗܘܐ ܠܡܠܟ.. ܐܢܐ ܕܝܢ ܘܡܙܝܪ ([4] ܠܡܟܟܟܠ ܡܬܡܘܪܩܢܐ ܕܡܠܟܘ.. ܗ.. ܠܡܠܟܘܗܝ. ܘܐܡܪ ܐܢܫܐ ܕܡܠܟܐ ܡܠܟ. ([5] ܘ. ܕܝܢ ܚܙܐ.. ܐܝܟ ܘܡܠܟ ܠܡܙܡܘܪܐ. ܡܫܚܐ ܠܡܠܟ ܠܡܬܚܙܝܢ. ܘܡܠܟ ܕܐܬܩܪܝܘܗ.. ܟܠ ܥܠܐ ܕܝܢ ܚܙܐ ܘܡܘܡܐ ܡܢܟܠܬܐ ܡܬܡܟܠܬܐ.. ܗ.. ܡܢܟܠܬܐ ܗܟܢܐ.. ܐܝܟ. ܢܝܪ.. ܡ.. ܠ. ܟܠ ܥܠܐ ܟܠܗܝܢ. ܡܢ ܐܡܬܝ.. ܘ. ܐܝܟ ܠܝܢܝܪ.. ܡܢܝܪ.. ܕܗܝܐ. ܠܗܝܐ.. ܕܠܗܘܢ ܠܡܠܗܘܢ.. ([6] ܡܫܠܗܘܢ.. ܡܬܠܡܬܐ ܕܝܢ ܥܙܐ ܠܡܬܚܙܝܬܐ ܘ ([7] ܝܠܗܘܢܬܐ ܐܢܐ ܕܝܢ ܕܝܠܝܗ̇.. ܡ ܕܝܢ ܡܬܩܢܝܢܐ.. ܥܝܢܐ.. ܠ.. ܕܝܢ ܢܟܠܡܬܐ.. ܐܝܟ ܠܝܗܘܐ.. ܗܘ ܕܝܢ

---

1) Vor diesem Worte scheint ein anderes ausgefallen zu sein.

2) Ms. ܕܐܬܐ.

3) Vor diesem Worte wird ausgefallen sein ܟܠܟܬܐ.

4) Ms. ܠܡܟܟܟܠ.

5) fehlt im Ms.

6) Ms. ܡܫܠܗܘܢ.

7) Ms. ܝܠܗܘܢܬܐ.

[Syriac text, lines 1–24 — not transcribed; contains "(sic)" and "(fol. b.)" in line 11]

1) Ms. [Syriac word]

2) Ms. [Syriac word]

3) Das 2. ʿAin ist im Ms. übergeschrieben.

ܡܘܣܝܩܐ ܕܝܘܢܝܐ.. ܕܐܝܟ ܐܡܬܝ.. ܐ.. ܕܝܢ.. ܡܢ ܗܠܝܢ ܡܬܝܠܕܢ ܠܗܘܢ ܡܫܡܗܢ.. ܠܐܢܫ.. ܕܟܠܗ.. ܗܠܝܢ ܡܦܪܫܢܐ ܠܡܠܬܐ ܕܦܘܫܩܐ ܕܝܠܗܘܢ.. ܐܘ.. [1] ܕܟܠܝܗܘܢ ܟ.. ܟܡܐ.. ܟܡܐܢ.. ܟܡܐܢܝܬ.. ܝ.. ܐܝܟܐ.. ܐܝܟܢ.. ܐܝܟܢܐ.. ܐܝܟܢܘ.. ܐܝܟܢܝܬ.. ܐܝܟܢܐܝܬ.. ܪ.. ܐܠܘ ܥܠ ܟܠܗ ܐܠܐ. ܐܡܬܝ.. ܐܝܡܟ.. ܡܫܬܐܠܢܐ.. ܐܠܘ.. ܐܠܘܠܐ.. ܐܡܬܝܡܐ.. ܠܡܬܢܝܢܘܬܐ ܘܡܘܕܝܢܘܬܐ ܗܟܢ ܡܬܬܣܝܡܢ.. ܡܬܬܟܠܢ ܥܕܡܐ ܕܐܬܝܢ ܐܠܘܠܐ.. ܐܘ.. ܐܡܬܝܡܐ.. ܡܬܠ. [2] ܐܘ ܐܬܝܢ ܡܘܕܝܢܘܬܐ ܐܝܟ ܕܠܡܘܬܒ ܫܪܟܐ ܡܘܕܝܬܐ ܥܠ ܠܡܬܢܝܢܐ. ܐܠܘܠܐܝܬ ܐܘܟ ܠܡܠܐܟܐ. ܐܡܬܝܡܐܝܬ ܐܝܡܟܐܝܬ.. ܗ.. ܗܝܕܝܢ.. ܗܪܟܐ.. ܗܪܝܟ. ܬܘܒ. ܬܘܒܢ.. ܗܫܐ.. ܝܘܡܢܐ.. ܗܠܝܢ ܐܠܝܢ ܕܠܙܒܢܐ ܡܘܕܝܢ ܘܠܡܬܢܝܢܘܬܐ.. ܘܒܬܪ ܗܠܝܢ ܡܦܫܩܢ ܥܠ.. ܗܫܐ ܘܕܐܬܐ ܠܗ.. [3] (fol. 222a) ܡܬܠ. ܗܫܐ ܕܝܢ ܠܐ ܠܡܐܬܐ. ܘܩܕܡܐܝܬ ܘܒܬܪܟܢ ܡܘܕܝܢܘܬܐ ܐܝܬܝܗܝ ܕܙܒܢܐ.. ܘ.. ܩܕܝܡ.. ܐܬܡܠ.. ܩܕܡ ܐܬܡܠ.. ܐܬܡܠܝ. ܡܘܕܝܢܘܬܐ ܘܠܡܬܢܝܢܘܬܐ ܗܟܢ ܡܬܬܣܝܡܢ.. ܐܝܟ ܗܝ ܕܐܡܪ ܐܢܐ ܠܡܦܪܫܘ ܐܠܝܢ ܐܝܟ ܕܡܢ.. ܩܕܡܝܬܐ.. ܐܬܡܠܝܬܐ.. ܗܠܝܢ ܕܝܢ ܕܙܒܢܐ ܡܘܕܝܢܝܢܐ ܐܠܝܢ. ܐ.. ܐܝܟ.. ܡܛܠ.. ܟܕ.. ܒܕܠ.. ܒܬܪ.. ܗܟܢ.. ܐܝܟ.. ܗܠܝܢ ܕܒܬܪܢ ܥܡ ܐܦܐ ܡܬܬܚܠܦܢ ܠܡܦܪܫܘ ܠܡܬܢܝܢܐ. [4] ܩܕܡܝܬܐ. ܠܒܬܪܟܢ. ܐܬܡܠܝ.. ܗܘܫܐ ܘܐܢܫܝܢ ܐܬܡܠܝܬܐ. ܘܗܘ ܠܡܠܬܐ ܗܝ ܕܒܥܬܐ.. ܗܫܐܝܬ.. ܐܫܟܢܐܝܬ. ܠܒܬܪܟܢ.. ܫ.. ܫܦܝܪ.. ܫܦܝܪ.. ܫܦܝܪܘ.. ܫܦܝܪ.. ܫܦܝܪܐܝܬ.. ܫܦܝܪܐܝܬ.. ܘܠܘܩܒܠ.. ܫܦܝܪܐܝܬ. ܫܦܝܪܐܝܬ ܐܘܟ ܕܫܦܝܪܐ.. ܥܕܡܐ ܕܗܠܝܢ ܡܦܫܩܢܐ ܗܟܢ ܠܡܬܢܝܢܘܬܐ ܘܡܘܕܝܢܘܬܐ ܐܝܟܢܐ.. ܘܡܢ ܬܘܒ ܡܫܬܥܠܝܢ ܗܢܐ ܗܘ ܗܟܢܐ.. ܫܦܝܪܐܝܬ.. ܐܝܟܢܐ ܕܠܡܦܪܫ ܥܠ ܠܡܬܢܝܢܐ

---

1) Ms. ܕܟܠܗܘܢ.

2) lies ܐܘ.

3) Das Blatt steht in der Handschrift an verkehrter Stelle.

4) Ms. ܩܕܡܝܬܐ.

ܘܡܫܟܢܐ.. ܐܬܩܪܝܘ ܡܫܡܫܢܝܢ ܕܒܝܬܗܘܢ ¹⁾ܠܗ ܕܐܝܟܢܐ ܕܡܫܬܐܠܢ: ܐܣܝܪܬܐ. ܐܬܩܪܝܘ ܡܫܡܫܢܝܢ ܕܒܝܬܗܘܢ ܠܗ ܕܡܫܬܐܠܢ ܐܡܝܢ̈ ܘܡܠܟܐ܀

ܥܠܘܗܝ ܕܗܠܝܢ ܥܠܬܐ ܐܣܝܪܐ. ܐܝܟ ܕܡܦܩܢܐ ܟܠ ܡܠܬܐ. ܘܡܦܩܢܘܬܐ.. ܘܐܠܦܐ ܘܢܦܩܐ܀ ܥܒܕܝܐ ܡܠܬܐ ܦܝܫ. ܝܩܢܐ. ܫܒܫܐ. ܥܒܕܐ.. ܘܡܦܩܢܘܬܐ. ܕܝܢ. ܥܠܬܐ.. ܐܦܢܐ.. ܟܡܕܬܐ. ܢܦܫܐ ܚܝܠܐ. ܣܒܥܝܬܐ. ܫܘܠܐ. ܚܘܪܐ. ܕܝܠܐ.. ܡܦܩܢܘܬܐ ܘܡܦܩܢܘܬܐ. ܐܦܢ. ܝܩܢܐ. ܫܒܥܐ. ܚܘܪܐ.. ܐܠܐ ܕܝܢ.. ܗ.. ܐܬܟܡܠܬܐ.. ܥܠܬܐ.. ܐܦܢܐ.. ܥܠܬܐ. ܘܡܦܩܢܘܬܐ.. ܢܦܫܐ ܕܝܢ.. ܦܝܠ.. ܚܕܐ.. ܗܘܐ. ܘܥܒܕ.

ܘܐܦܩܘܗܝ ܐܝܟ ܡܫܘܕܥܢܐ ܥܠܝܗ ܕܡܠܬܐ ܠܡܫܬܟܠܢܘܬܐ ܕܥܠܡܐ ܢܦܩܐ: ܠܡܦܩܢܘܗ. ܐܝܟ ܘܗܘܐ ܕܦܪܝܫ ܠܗ ܫܘܕܥܐ ܕܢܦܩܐ ܡܫܬܟܠܢܐ. ²⁾ܐܣܝܪܐ ܕܝܢ ܡܬܥܒܕܐ. ܘܐܣܝܪܐ ܕܝܢ ܫܘܕܥܐ ܡܫܬܟܠܢܘܬܐ ܘܐܬܬܘܗܝ ܥܠܬܐ ܘܡܦܩܢܘܬܐ ܘܡܬܦܪܫܢܝܢ. ܐܡܠܐ ܕܐܦܢ ܡܢܗܘܢ ܠܡܫܬܟܠܢܘܬܐ ܘܐܦܢ ܥܠܝܗ ܠܡܦܩܢܐ.. ܐܝܟ ܕܝܢ ܠܡܦܩܢܘܗ ³⁾ܕܫܘܠܐ. ܐܘ ܦܝܢ ܡܢ ܦܘܪܫܢܐ ܡܫܬܟܠܢܐ. ܐܦܢ ܥܒܕܐ ܥܠܬܐ ܘܥܒܕܐ ܕܥܠܬܐ ܢܦܩܐ ܠܟܠܗ ܟܕ ܐܬܬܩܢ. (fol. b) ܐܘ ܦܝܢ ܦܘܪܫܢܐ ܫܡܗܐ ܐܝܟܢܐ.. ܘܥܒܕܐ ܕܫܡܗܐ ܝܚܝܕ ܕܡܬܥܒܕ ܠܡܫܬܟܠܢܘܬܐ ܘܫܘܕܥܢܐ ܐܬܟܠܝ ܕܡܠܝ ܡܫܬܟܠܢ ܥܒܕܝܢ ܐܝܟ ܥܠܝܗ ܕܐܬܟܠܝܢ ܠܝ ܗܠܝܢ ܕܦܢܝ ܥܠܝܗ ܗܝܕܝܢ ܣܝܡܐ ܘܡܫܬܟܠܢܐ ܕܡܠܟܐ ܕܦܢܝܬܐ. ܐܬܣܝܡ ܐܥܒܕ ܕܡܬܟܠܝܢ ܥܠ ܦܘܫܩܐ ܐܬܩܢ ܠܗ ܠܢܘܣܐ ܠܐܦܫܘܬܐ.. ܕܠܐ ܗܘܐ ܕܝܠܐ ܕܐܬܬܟܠܝܢ ܠܟܘܢ:

ܘܡܫܬܟܠܢܘܬܐ ܕܝܢ ܚܝܠܐ ܕܡܫܬܘܕܥܢܐ ܕܟܠ ܫܡ̈ܗܐ ܡܫܬܘܕܥܢ ܥܠ ܡܠܟܐ ܡܠܬܐ ܕܟܠ ܦܪܨܘܦܐ ܠܡܫܬܠܡܢܐ. ܘܦܪܨܘܦܐ ܐܡܠܐ ܢܦܩܝ ܘܠܗܘܢ ܫܘܕܥܐ ܐܝܟܢ ܡܫܬܟܠܢܐ ܠܐ ܡܫܬܟܠܝܢ ܠܗܘܐ. ܐܘܕܥ ܠܝܕܥܘܗܝ. ܕܟܠ ܚܝܠܐ ܡܫܬܘܕܥܢܐ ܫܘܠܡܐ ܥܠܬܐ ܕܠܐܢܫܐ (?) ܦܘܪܫܢܐ.. ܗ.. ܠܡܦܪܫܢܘ. ܐܡܠܐ ܕܢܦܫ ܠܡܠܐ ܕܥܠܬܐ.. ܐܘܕܥ ܠܡܫܬܟܠ. ܘܥܠܬܐ ܡܫܬܘܕܥܢܘܬܐ ܫܡܗܐ ܐܠܦܐ ܐܬܩܢܘ. ܠܟܠܬ

1) Ergänze ܘܡܠܟܐ.

2) Dies Wort fehlt im Ms.

3) Im Ms. mit Pluralzeichen.

ܟܠܗ̇ ܡܫܝ̈ܚܘܬܐ ܦܫܝܛܐ ܗ̇ܘܐ ܠܒܪܢܫܘܬܐ. ܘܐܬܪܡܝܬ ܚܡܝܪܘܬܐ. ܡܫܝܚܐܝܬ ܕܝܢ ܘܡܫܬܡܫܢܘܬܗ ܕܒܪ ܕܘܝܕ. ܐܠܐ ܐܠܗܝ.. ܫܡܥܘܢ ܕܝܢ ܕܒܪ.. ܠܡܫܝܚܐ ܘܐܠܗܐ. ܥܡܠܐ ܕܝܢ ܘܡܫܡܫܢܐ ܕܒܪ ܕܡܫܝܚܘܬܗ ܡܕܒܪܢܘܬܐ ܐܝܟ ܐܠܗܐ. ܡܕܒܪܢܘܬܐ ܓܝܪ ܥܡ ܦܓܪܐ ܡܫܡܫܢܐ ܡܕܒܪܢܐ ܦܓܪܢܝܐ. ܕܐܝܟ ܐܢܫ.. ܡܫܝܚܐ ܕܦܓܪܗ ܡܫܡܫܝܢ.. ܪܘܚܐ ܗܘ ܓܝܪ ܐܠܗܐ.. ܐܠܗܐ ܓܝܪ ܗ̇ܟܢܐ.. ܪܘܚܐ ܕܝܢ ܡܕܒܪܢܘܬܐ.. ܘܟܠܗ ܫܡܫܬܐ ܡܫܬܡܫܢܬܐ ܡܫܡܫܝܢ ܗܘܝܢ. ܗܟܢܐ ܦܓܪܐ ܗܘܝܢ.. ܐܠܗܐ ܓܝܪ ܪܘܚܐ ܗܘ. ܗ.. ܡܕܒܪܢܘܬܐ ܘܡܫܝܚܐ.. ܘܡܫܝܚܐ [1] ܕܦܓܪܢܝ ܡܫܬܡܫܢܐ. ܐܠܗܐ ܓܝܪ ܠܗܘܢ ܗܘ ܐܠܗܘܬܐ.. ܐܠܗܐ ܓܝܪ ܡܫܝܚܐ ܗܘ.. ܘܠܗܘܢ ܐܠܗܘܬܐ ܡܕܒܪ. ܘܐܦܠܐ ܕܡܫܬܡܫܢܘܬܐ ܦܓܪܢܝ.. ܡܫܡܫܢܐ ܗܘܐ ܠܗ ܒܟܠܗܘܢ.. ܡܫܬܡܫܢܐ ܕܝܢ. ܡܫܬܡܫ ܠܓܒܪܐ ܕܡܫܬܡܫ ܒܗ ܗܘ ܦܓܪ ܗܘ.. ܠܓܒܪܐ ܕܝܢ ܡܕܒܪܢܐ.. ܘܗܘܘ ܡܦܪܫܘܬܐ ܠܫܡܐ ܗܘܐ ܓܝܪ.. ܠܫܡܐ ܡܕܒܪܢܐ ܐܠܗܐ. ܗܢܐ ܗܘܐ ܐܝܟ ܡܫܝܚܐ ܡܫܬܡܫ ܟܠ ܕܒܪ. ܐܝܟ ܕܐܠܗܐ ܡܫܬܡܫܢܐ. ܠܫܡܐ ܗܘܐ ܓܝܪ ܗܘ ܕܒܪ.. ܠܡܫܝܚܐ ܓܝܪ ܠܡܫܬܡܫ ܐܦܢܐ ܡܫܬܡܫܢܘܬܐ ܕܫܡܫܐ ܕܡܕܒܪܢܘܬܐ ܡܫܬܡܫܢ ܘܡܫܡܫܝܢ ܡܫܬܡܫܢܘܬܐ.. ܡܕܒܪܢܘܬܐ ܥܡ ܘܡܫܬܡܫܢܘܬܐ. ܘܡܫܡܫ ܡܫܬܡܫܐ ܦܓܪܢܝ ܘܡܫܡܫ ܘܡܫܡܫܢܐ. ܡܫܡܫܢܐ ܕܝܢ ܠܫܡܐ ܐܠܗܘܬܗ. ܠܡܫܬܡܫܢܘܬܐ ܗܟܢܐ ܡܫܬܡܫܢܐ ܕܡܫܬܡܫܢܘܬܐ. ܡܫܡܫܢܐ ܡܕܒܪܢܘܬܐ ܘܡܫܬܡܫܢܘܬܐ ܠܡܫܬܡܫ ܗܢܐ ܕܝܢ ܡܫܝܚܐ. ܡܫܬܡܫܢܘܬܐ [2] ܕܝܢ (fol. 214a.) ܐܫܬܡܫ ܕܒܗ ܟܠ ܡܫܝܚܐ ܟܠܗܘܢ ܘܡܫܝܚܐ.. ܐܠܐ ܘܟܠ ܡܕܒܪܢܐ ܘܡܫܬܡܫܢܐ. ܡܫܬܡܫܢܘܬܐ ܕܝܢ ܘܡܫܡܫܢܘܬܐ ܟܠ ܡܫܝܚܐ ܕܝܢ ܟܠܗܘܢ ܡܫܬܡܫܢܘܬܐ ܡܫܡܫܢܐ.. ܘܡܫܬܡܫܢܘܬܐ ܡܫܡܫ ܟܠ ܟܠܗ. ܐܢܐ ܡܫܡܫ ܐܝܟ ܡܕܒܪܢܐ ܢܦܫ. ܐܘ ܦܓܪ ܠܡܫܝܚܐ ܘܡܫܬܡܫܢܘܬܐ. ܡܫܡܫܢܐ ܡܫܡܫܢܐ ܡܕܒܪܢܐ.. ܕܐܝܟ ܐܢܫ.. ܘܡܫܬܡܫܢܘܬ ܡܫܡܫܢ ܐܢܫܐ ܕܡܫܝܚܐ. ܘܟܠܗ ܡܫܡܫ. ܡܫܡܫ ܗܘܐ ܡܫܝܚܐ.. ܘܡܫܡܫܢ ܐܢܫܐ ܕܡܫܝܚܐ ܡܫܬܡܫܢܘܬܗ.. ܘܡܦܪܫܘܬܐ ܦܓܪܢܝ. ܡܫܡܫ ܗܢܐ ܠܡܫܬܡܫܢܘܬܗ ܐܠܗܘܬܐ ܥܡ ܡܫܬܡܫܘܗܝ ܡܫܡܫ.. ܐܝܬܘܗܝ.. ܥܡ ܡܫܬܡܫܘܗܝ ܡܫܡܫ ܐܠܗܘܬܗ ܠܡܫܬܡܫܢܘܬܗ.. ܘܡܫܡܫ. ܘܡܫܡܫ ܠܡܫܬܡܫ ܥܡܗ ܐܢܫܐ ܕܡܫܝܚܐ ܐܠܗܐ ܐܢܫܘܬܗ.. ܐܠܗܘܬܗ.. ܘܡܫܡܫ ܠܡܫܬܡܫ ܥܡܗ ܐܢܫܐ ܕܐܢܫܘܬܗ ܠܡܫܝܚܐ ܐܠܗܐ..

---

1) Ms. ܕܦܓܪܢܝ.

2) Dies Wort ist im Ms. auf der folgenden Seite noch einmal geschrieben.

ܡܫܡܠܝܐ. ܘ(ܒ)ܠܐ ܠܗܘܢ ܦܩܘܕܝܬܐ܆ ܠܗܘܢ ܕܝܢ ܪܥܝܐ. ܡܬܩܪܝܢ ܠܡܫܐܠܢܝܬܐ. ܘܡܘܡܐ ܠܡܘܡܝܐ. ܗܟܢܐ ܗܠܝܢ ܕܡܬܟܬܒܢ ܐܝܟ ܕܡܢ ܡܢܐ ܦܬܓܡܐ ܕܡܫܐܠܢܘܬܐ[1]. ܘܡܢ ܕܢܩܫܬܐ ܡܫܐܠܢܝܢ.. ܐܝܟܢ ܐܝܟ ܡܢܐ. ܐܘ ܦܩܘܕܝܬܐ. ܐܘ ܡܫܡܠܝܬܐ. ܐܘ ܠܡ. ܐܘ ܡܢܘ.. ܐܘ ܡܬܠܬܐ..

ܕܠܝܠܗܘܢ ܐܡܬܝ ܠܐ ܡܬܬܩܢܝܢ ܐܝܟܢܐ ܘܡܛܠ ܡܫܐܠܢܘܬܐ.. ܘܐܦܠܐ ܘܐܬܘܬܐ ܡܬܩܢܝܢ ܡܫܐܠܢܘܬܐ ܘܡܢ.. ܟ.. ܕ.. ܘ.. ܠܐ.. ܗ.. ܡܢܐ.. ܐܝܟܢܐ.. ܕܡܢܐ.. ܡܛܠܐ.. ܠܡܢܐ.. ܗܟܢܐ.. ܟܡܐ.. ܕ.. ܟܝܠ.. ܠܟܡܐ.. ܗܠܝܢ ܓܝܪ ܡܫܐܠܢܘܬܐ ܘܡܛܠܐ ܡܢ ܡܢܝܢܐ ܐܬܘܬܐ ܡܫܐܠܢܝܬܐ ܕܡܠܬܐ.. ܗ.. ܡܬܩܪܝܢ.. ܦܬܓܡܐ ܗܟܢ ܡܢ ܬܪܝܢ ܠܠܫܢܐ ܐܦܠܐ ܐܬܘ ܕܡܢܗܝܢ ܟܝܠ ܘܟܕ ܡܫܬܚܠܦ ܡܫܐܠܢܘܬܐ ܘܡܛܠܐ ܡܬܩܢܝܢ.. ܐܠܐ ܘܡܢ ܡܫܬܥܠܐ ܦܬܓܡܐ ܕܡܬܦܢܝܐ.. ܡܢ ܕܝܢ ܠܐ ܬܪܝܢ ܗܠܝܢ ܐܦܠܐ ܐܬܘܬ ܠܐ ܡܫܬܡܠܝܢ ܠܗܘܢ. ܘܡܫܐܠܢܘܬ ܕܠܐ ܡܫܬܡܠܝܢ ܡܛܠܬܗ ܩܠܐ ܡܫܐܠ. ܠܐ ܡܬܦܢܝܐ. ܐܦܠܐ ܡܫܬܡܥܐ. ܐܦܠܐ ܡܬܦܪܫܐ ܘܠܐ ܡܬܡܠܝܐ. ܘܠܐ ܡܫܬܡܥܐ (ܕܩܘܩܝܐ[2] ܕܝܢ ܡܦܩܝܢ ܘܡܢ.. ܘܗܟܢܐ ܐܡܬܝ ܕܡܬܦܪܫܝܢ ܗܠܝܢ ܐܬܘܬܐ ܡܢ ܡܫܬܩܠܢܐ ܠܐ ܐܬܘܬܐ ܡܫܬܩܠܢܐ ܘܠܐ ܡܫܬܡܠܝܢܘܬܐ. ܘܐܡܬܝ ܕܢܬܒܥ ܐܦܠܐ ܐܬܘܬ ܡܢ ܡܠܬܐ ܗܘܠܐ ܡܫܟܚܐ ܡܫܠܡܐ ܘܡܫܬܡܥܐ ܥܠ ܡܫܐܠܢܘܬ ܡܫܬܪܝܢ ܡܠܘܬܐ ܗܕܝܪܐ܀

ܕܡܬܩܪܝܢ ܡܛܠ ܐܝܠܐ ܕܐܝܟܢܐ ܩܪܝܢ ܠܗ ܠܩܝܢܐ.. ܘܐܝܟܢܐ ܐܬܩܪܝܬ ܡܫܐܠܢܘܬܐ ܕܐܝܟܢܐ ܩܪܝܢ ܠܗ ܠܩܪܝܢܐ.. ܘܐܦ ܕܝܢ ܕܡܬܩܪܝܢ ܗܠܝܢ. ܡܫܐܠ ܗܘܝܐ. ܘܡܫܬܡܥܐ ܕܐܝܟܢܐ ܩܪܝܢ ܠܗ ܠܡܠܐ.. ܘܡܬܩܪܝܢ ܡܫܡܠܝܢ ܡܫܬܡܥܐ ܘܠܐ ܡܫܡܫܝܢ ܠܡܫܬܡܠܝܢ ܡܫܐܠܢܘܬܐ. ܕܐܝܟ ܐܡܪܝܢ. ܡܠܝܢ ܐܬܘܬܐ.. ܡܫܡܥ ܡܫܡܪܐ ܗܘ.. ܡܫܠܡܐ (fol. b) ܡܫܬܡܠܝܢ ܡܦܩܝܢ.. ܐܝܟܢܐ ܩܪܝܢ ܗܘܐ. ܘܐܦ ܕܝܢ ܡܫܬܡܠܝܢ ܠܡܫܐܠܢܘܬܐ ܡܫܡܥ ܗܕܝܢ ܗܘܠܐ ܦܬܓܡܝܢ. ܕܐܝܟ ܐܡܪ.. ܡܫܡܥܐ ܐܝܟ ܗܘܐ ܡܠܬܐ.. ܡܫܐܠ ܗ(ܘ)ܐ ܡܫܡܥ.. ܡܫܠܡܐ ܐܡܠܐ.. ܡܬܩܪܝܢ ܕܡܢ.. ܡܫܡܠܝܢ ܡܦܩܝܢ ܡܫܠܡܐ.. ܡܫܡܥ ܗܘܐ ܐܝܟܢܐ.. ܡܫܐܠ ܡܫܠܡܐ ܡܬܡܠܝܢ ܟܠ ܗܟܢܐ.. ܡܢ ܕܝܢ ܩܪܝܢ ܠܟܠܐ ܘܐܝܟܢܐ ܘܡܫܬܡܥܐ.

1) Im Ms. ist das eine Mim übergeschrieben.

2) lies ܩܘܩܝܐ (?)

ܘܒܡܠܟܘܬܗ ܗܘܐ.. ܥܡܪ ܒܫܡܝܐ. ܘܐܬܪ.. ܘ.. ܘܢܦܩ.. ܗܒܠܐ ܥܢܝܢܩܝ ܠܗܘܢܬܐ. . ܠܗܘܢܝ. ܫܪܝܪܬܐ. . ܫܘܪܝ. . ܥܒܕܬܐ. . ܥܠܝܗܝ ܘܐܠܗܝ ܕܐܡܪ ܗܠܝܢ. ܐܠܗܝ ܕܒܗܘܢ ܥܗܡܝ. . ܘ. . ܘܐܬܪ ܥܗܡܝ. . ܠܘ. . ܗܒܠܐ ܥܒܕܐܝܢܝ. ܡܪܟܒܐ ܡܪܘܡܝ. ܘܡܫܡܗܬܐ ܘܡܫܡܗܝ ܘܕܐܡܪ ܗܠܝܢ.

ܕܫܪܝܐ. ܠܗܝ ܐܠܗܝ ܕܒܢܝ ܘܡܫܬܘܬܐ ܥܒܕܐܝܬ ܐܘܚܕܗ ܟܠ ܡܠܟܘܬܐ. ܕܢܩܡܐ ܥܒܕܝ ܠܗܘܢ ܥܠܡܐ ܐܒܠܐ ܘܕܘܚܬܐ. ܗ. . ܢܗܘܘܢ. : ܠܥܠܡܝܢ. . ܘܠܥܠܡܝܢ. . ܐܦ ܐܢܫܐ ܕܢܩܡܐ ܥܒܕܝ ܠܗܘܢ ܡܪܘܡ. . ܘܡܪܘܡܐ ܕܥܒܕܐ ܓܠܐ ܟܠܗܝܢ ܕܒܢܝ ܡܫܬܐ ܘܓܠܐ ܥܒܕܝܢ ܥܡܫܬܐ ܥܒܕܬܐܡܠܟܘܬܐ ܥܒܕܐ. . ܘܥܠܡܐ. . ܘܠܐ ܟܠ ܥܒܕܗ. ܢܫܡܬܐ ܕܐܝܟ ܡܗܝܡܢ ܥܡܥܡܠܬܐ [1] ܥܒܕܝܢܝܬܐ ܘܠܐ ܓܠܐ ܥܒܕܝܢ ܐܘܟܐ ܥܡܫܬܐ. . ܐܦ ܠܐ ܡܫܬܐ ܥܡܫܬܐ. [2] ܐܠܐ ܘܡܫܬܘܬܐ ܥܡܠܐ. ܘܟܠ ܥܒܕܐܝܬ. ܐܢܫܐ ܕܡܘܬ ܠܥܡܘܬ. ܘܥܒܕܝܢ. ܘܐܡܝܢ. ܘܐܟܠܗ. ܘܥܒܕܝܢ ܘܡܠܟ. . ܐܢܫܐ ܐܝܟ. . ܕܐܝܢ. . ܘܗܘܡܠܟ ܠܐ ܥܒܕܝܢ ܥܗܘܢ ܡܪܘܡ ܡܫܬܐ ܡܗܝܡܢ. ܘܓܠܝܢ ܡܫܬܐ ܠܗ ܓܠܐ. ܠܗܘܢ ܐܒܠܐ ܘܡܪܘܡܐ܀

ܕܡܪܚܡܢ ܡܫܬܐ ܡܪܝܐ ܘܠܐ ܡܪܝܐ. ܗܘ ܕܢܩܡܐ ܓܒܝܢ ܥܒܕܘܗܝ. . ܘܠܥܡܪܗ. ܥܠܝܢܝ ܘܟܠܐ ܥܠܡܝܢ ܥܒܕܬܐ ܥܠܝܡܐ. . ܠܗܘܢ ܐܝܟ ܥܕܡܐ ܥܡܫܬܐ ܗܠܝܢ ܡܪܟܒܐ ܘܠܐ ܡܪܟܒܐ ܐܟܙ ܐܠܐ. ܐܠܐ ܥܗܘ. . ܘܗܘ. . ܘܗܠܐ. . ܥܡ ܐܢܫܘܬܗ ܐܝܟ ܕܫܠܝܛ ܥܠܝ ܠܟܝܢܐ ܥܒܕܐ ܕܠܗܘܐ ܟܝܢܐ ܡܪܟܒܐ [3] ܘܠܐ ܡܪܟܒܐ. . [4] ܟܝܢܐ ܕܐܝܟ ܥܡ ܠܟܝܢܗ ܐܟܙ ܡܪܟܒ ܒܟܝ ܟܠ ܡܪܘܡ. . ܥܡ ܕܐܝܟ ܐܝܟܠ ܐܟܙ. ܟܝܢܐ ܟܠ ܕܝܢ. . ܗܟܝܢ ܘܡܫܬܘܬܐ ܘ(ܫܠܡ) ܥܠܝ (fol. 213a) ܠܥܡܫܬܐ. ܠܐ ܡܪܘܡ ܥܡܠܐܥܒܕܐ ܫܡܫܬܐ ܕܥܒܕܡܫܬܐ. ܥܡ ܕܐܝܟ ܠܐܟܙ ܠܗܘ ܟܝܢܐ: ܠܗܘ ܐܝܬܘܗܝ. ܠܗܘ ܥܡܢܐ. ܠܗܘ

1) Im Ms. folgt hier das mit Tilgungszeichen versehene Wort ܥܡܥܡܠܬܐ.

2) lies ܐܠܐ.

3) Ms. ܘܠܐܡܪܟܒܐ.

4) Ms. ܢܗܝܐ.

ܘܐܝܟ ܕܒܗܠܝܢ ܡܫܬܚܠܦܐ ܫܡܗܐ. ܫܡܐ ܐܬܘܬܐ.. ܗ. . ܘܐ ܠܘܩܒܠ ܥܠܝܗ ܕܠܗ ܘܘ ܡܢܘ ܕܡܬܦܢܝܢ ܡܫܠܡܢܘܬܐ ܐܠܦ. ܡܬܝܕܥ ܗܟܢܐ ܠܡܫܡܠܝܘ ܡܫܠܡܢܐ ܕܐܡܪ ܐܢܫ.. ܦܬܘܪܐ.. ܦܩܕ. . ܦܩܕܘ. . ܡܬܬܫܡܫܢ ܡܢܗ ܐܝܟ. ܘܡܫܡܫܐ ܡܢ ܩܕܡܝ. ܕܠܡܦܢܝܘ ܠܘܩܒܠ ܡܫܠܡܢܘܬܐ ܐܝܟܢܐ ܕܗܘ ܡܬܦܢܝܐ ܡܫܠܡܐ.. ܕܐܡܪ ܐܢܫ. . ܥܠ [1]ܡܬܦܠܐ ܕܡܠܐ. . ܥܠ ܡܬܦܢܝܢ ܡܫܠܡܐ. ܥܠ ܡܢܝܢ ܙܢܝܐ ܡܫܡܫܢܐ ܘܐܣܬܟܠܬܐ ܕܪܬܡܝ ܠܗܠܝܢ܀

ܙܢܐ ܕܡܫܠܡܢܐ ܕܬܠܬܐ ܘܠܡܫܠܡ ܡܬܬܫܡܫܢ ܡܫܡܫܐ ܕܡܫܬܥܢܐ ܘܡܫܠܡܢܐ ܫܡܗ. . ܡܫܠܡܐ. . ܥܠܝܗ ܕܡܫܠܡܢܘܬܐ ܘܡܫܡܫܢܘܬܐ ܡܫܬܥܢܝܢܐ. ܕܐܡܪ ܗܘܝܢ. . ܥܠ ܡܬܦܢܝܢܐ ܡܢ ܚܕܐ ܡܬܩܢܝܢ ܐܝܟ ܥܠ ܡܬܦܢܝܢܘܬܐ. ܗܘܘ ܒܗܘ. ܕܠܡܦܢܝܘ ܐܝܟ ܡܢܗܐ. ܘܡܬܦܢܝܢ ܡܫܠܡܐ. ܡܫܡܫ ܐܝܟ ܡܬܦܢܝܢܘܬܐ ܕܡܫܠܡܐ. ܡܫܠܡܢܐ ܐܝܟ ܡܫܬܥܢ ܕܠܡܫܠܡܢܘܬܐ ܐܡܪ.. ܐܡܪܐ ܕܠܐ ܡܫܡܫ. ܐܡܪܝܢ ܗܘܘ. ܢܦܩ ܗܘ.. ܡܢ ܕܐܝܟ ܡܬܦܢܝܢ ܕܠܐ ܡܫܬܥܢܝܢ ܕܠܐܡܪ ܠܡܫܠܡܐ ܐܠܐ ܡܫܡܫܢܘܬܐ. ܐܡܪܬܐ. ܕܐܬܐ. ܐܬܐ. ܐܢܐ. [2]ܐܢܬ. ܐܢܬܝ. ܘܢܦܩ ܢܦܩ. ܘܡܫܡܫ ܙܢܐ ܚܕܐ ܠܗ. ܘܡܫܬܡܫܬܐ ܕܙܢܝܐ ܡܠܦ ܠܗ. ܐܡܪܬܐ. . ܡܬܝܕܥ ܡܬܬܫܡܫܢܐ ܒܫܡܗܐ. ܡܫܡܫ.. ܢܦܩ.. ܗ.. ܢܦܩ.. ܢܦܩܘ.. ܗ.. ܡܠܦ ܢܦܩܘ.. ܢܦܩܘ.. ܡܠܦ ܢܦܩܘ.. ܢܦܩ.. ܗܦܟ. ܡܢ ܐܦ ܗܢܘܢ (ܦܬ)ܠܐ [3]ܦܬܚܘ ܘܐܬܦܬܚ ܐܠܗ.. ܥܠܝܗ (fol. b.) ܡܫܡܫܬܐ ܡܬܬܫܡܫܐ ܘܡܢ ܡܠܦܐ. ܦܬܚܘ ܘܦܬܚܬܘ:

ܕܡܫܠܡ ܗܘܠܐ ܘܐܦ ܠܡܦܢܝܢ ܡܬܝܕܥܐ ܐܝܟ ܡܫܡܫ ܐܘ ܐܝܟ.. ܐ.. ܘܠܐ.. ܡ. ܘܡܐ.. ܘܘ.. ܡ.. ܥܠܝܗ ܕܐܝܟ ܥܠ ܡܢܐ.. ܐܡܪܐ ܕܡܬܦܢܝܢ ܕܡܬܦܢܝܢ ܐܬܦܢܝ. ܐܠܦܝܢ [4]ܘܡܐ.. ܘܡܫܡܫܘ.. ܦܩܕܘ.. [5]ܡ.. ܕܐܠܐ. ܘܐܦܘ. ܐܠܦܝܢ.. ܡ. ܘܡܐ.. ܗܘܘܐ.. ܡܫܡܫ.. ܘܥܠ ܡܫܠܡ ܕܡܫܡܫ ܠܗ.. ܐܠܦܝܢ ܡ. ܠܡܫܡܫ ܠܐܝܟ ܕܡܐ.. ܡܫܡ. ܘܐܡܪ ܠܡܫܡܫ ܕܥܠ ܡܫܠܡ

---

1) Ms. ܡܬܦܠܐ.

2) Ms. ܐܢܬܝ.

3) Es sollte hier stehen ܦܬܚ ܐܠܗ.

4) Ergänze ܘܘ.

5) lies ܠܐ; jedoch scheint der Text auch noch weiter verdorben zu sein.

ܕܝܢ ܡܕܡ.. ܐܬܐܠܗ ܕܢܣܒܘܢ ܫܘܢܩܐ ܘܐܘܠܨܢܐ.. ܒܗ.. ܕܝܢ ܗܘ ܕܠܢܘܒ ܠܐܠܗ ܠܗ ܐܬܐܠܗ. ܕܕܢܚܬܐ.. ܘܡܫܡܫܢܘܬܐ. ܡܢ ܗܘ ܩܘܕܫܐ.. ܐܬܘ.. ܢܣܒܐ ܢܗܪ. ܐܠܗܐ ܐܠܘ ܕܒܪܐ [1] ܕܒܪܗ.. ܪܘܚܐ ܪܒܐ.. ܚܘܠܩܐ ܚܠܝ.. ܗܠܝܢ ܥܡܡܐ ܕܠܗ.. ܐܝܟ ܕܝܢ ܬܘܕܝܬܐ ܡܢ ܡܬܒܝܢܢܘܬܐ ܡܕܡ ܡܢ ܢܣܒܐ. ܬܐܘܪ.. ܢܣܒܐ.. ܕܥܐ.. ܡܢܪܐ.. ܐܠܐ ܕܬܠܡܝܕܐ.. ܡܢ ܡܬܬܪܓܡܢܐ [2] ܠܗ ܡܢ ܗܘܢܐ ܕܫܡܝܐ ܬܐܘܪ ܫܡܝܗ.. ܡܕܡ.. ܫܡ.. ܐܘܠ ܕܝܢ ܥܡܗܐ ܐܠܐ ܕܥܡܐ ܠܗܘܢ ܡܬܬܪܓܡܢܐ ܕܝܢ ܠܗ.. ܐܬܐܠܗ ܕܡܬܝܠܕܢܐ ܡܬܝܠܕܢܐ.. ܥܡܠܢܐ. ܥܡܠܐ.. ܐܠܐ ܠܗܘ ܢܥܡܬܐ.. ܗܘ ܕܠܥܡܐ ܠܗܘ ܡܕܡ.. ܐܬܐܠܗ ܕܠܫܡܫܢܐ [3] ܠܫܡܫ ܡܢ ܢܣܒܝܢܐ ܢܣܒܗ. ܫܘܪܢܐ ܢܘܪܐ.. ܐܘܕܝ ܕܠܘܫ ܕܝܢ ܐܝܬܘܬܐ. ܠܗܘܢ ܡܬܬܢܝܢܐ ܗܟܢ ܡܬܝܠܕܢܐ ܗܡܢܬܐ ܐܦ ܠܡܬܩܢ ܠܐ ܡܬܬܢܝܢܘܬܐ.. ܘܐܦ ܡܬܝܠܕ(ܢ)ܐ ܡܬܬܠܕܗ ܐܠܐ ܕܥܡܐ ܕܗܡܢܘܬܐ ܗܠܝܢ ܕܝܢ ܕܗܘܝܐ.. ܘܡܠܝܐ ܡܠܬܐ ܕܩܘܪܒܢܐ ܕܗܠܝܢ ܠܐܘܪܚܐ ܫܝܢܐ..

ܪܘܚܐ ܗܩܝܡܬܐ ܗܕܐܠܐ ܥܐܠܝܢ ܥܠܐܡܪܐ ܡܬܬܢܝܢܘܬ (fol. 212a) ܕܡܬܝܠܕܢܘܬ ܥܡܡܐ ܕܗܡܢܘܬܐ. ܗܕܡܐ.. ܥܡܠ ܡܐܡܪܐ ܐܝܠܐ ܕܝܢ.. ܗ.. ܥܡܠ ܐܪܥܐ ܕܥܠܡܪܐ.. ܡܢ.. ܡܡܠ.. ܡܠܐ.. ܥܠܝ.. ܡܫ.. ܘܪܝ ܕܝܢ ܕܠܘܫ ܕܡܬܬܢܝܢ ܥܗ. ܐܬܐܠܗ ܕܠܗ ܡܬܝܠܕ. ܡܢ [4] ܠܗ ܠܗܘܐ ܢܣܒܐ ܠܐܠܗ. ܐܣܛܘܟܣܐ ܡܢ ܗܡܢܘܬܐ ܕܪܘܚܐ.. ܕܐܝܟ ܐܝܟ.. ܠܫܡܫܬܐ ܫܘܕܥܬܐ ܥܡܬܐ ܡܬܝܠܕܬܐ. ܥܠܡܬܐ. ܡܢ ܡܬܥܡܠܝܢ ܠܗܡܢܘܬܐ ܠܗܘܢ ܗܡܢܐ ܐܣܛܘܟܣܐ. ܐܥܡܪܝܢ ܗܘܢܐ. ܠܫܡܫ.. ܫܘܕܥ.. ܥܠܡ.. ܥܡ ܡܬܝܠܕܐ.. ܡܢ ܡܬܥܡܠܝܢ ܕܝܢ ܗܘܢܐ.. ܥܡܗ ܡܠܝ. ܡܬܝܠܕ ܗܡܢܐ. ܠܫܡܫ ܡܢܝ. ܫܘܕܥ ܗܘܝܐ. ܥܡܠܐ ܫܘܕܥܘܗܝ. ܠܗܡܢܘܬܐ ܕܝܢ ܕܪܘܚܐ. ܠܐ ܡܬܩܢܝܢ ܠܐܝܢܘܢ ܐܠܗܐ.. ܥܡܠܐ. ܥܠܝܗ. ܢܣܒܐ. ܢܣܒ. ܥܪܛܐ. ܥܪܛܗ.. ܡܢ ܡܬܥܡܠܝܢ ܕܝܢ ܗܘܠܐ.. ܥܠܝܗ ܐܘܐ.. ܢܣܒ ܕܢܝ ܘܡܬܩܢ.. ܠܗܠܝܢ

1) Ms. ܕܒܪܗ.

2) lies ܬܐ oder ܠܗ ܠܐܠܗ.

3) Im Ms. sind die hier folgenden Buchstaben ܠܫܡܫ mit dem Tilgungszeichen versehen.

4) Ms. ܠܗܘܐ (sic).

ܡܬܬܪܓܡܢܘܬܐ ܕܝܢ ܐܝܟ ܗܟܢ.. ܘܟܠܐ ܕܡܬܡܠܝܢ ܠܗܘܢ ܦܪܨܘܦܐ ܒܬܪܝܬܐ ܠܦܬܓܡܐ ܚܕܝܐ. ܘܐܝܟ ܐܡܝܢ.. ܦܢܝܬܐ ܐܠܗܐ.. ܐܬܩܪܝܬܝܢ ܦܬܚܬܘܢ.. ܡܫܬܒܚ ܐܠܗܐ.. ܡܬܦܬܚܢܘܢ.. ܡܬܪܚܡܐ ܐܠܗܐ.. ܡܬܦܪܩܬܘܢ.. ܠܐ ܬܕܚܠ ܦܪܘܩ ܡܫܒܚܐ ܗܘ ܕܕܚܠ. ܐܝܟ ܗܘ ܕܠܡܠܟܐ ܡܢ ܥܒܕܐ ܡܫܬܐ.. ܢܣܒ ܠܟܢ.. ܘܡܬܚܐ ܕܟܠ ܐܬܪܐ ܕܢܬܦܪܩ ܡܫܬܒܚܝܢ. ܘܦܪܨܘܦܐ ܠܡܠܟܐ ܕܦܬܓܡܐ ܡܫܬܐܠܢܐ[1].. ܘܐܝܟ ܐܡܝܢ.. ܢܬܦܪܘܢ.. ܢܬܦܪܘܢ.. ܐܬܦܪܘܢ ܐܬܦܪܘܢ.. ܗܟܢ ܘܟܝܢܗܘܢ ܦܬܓܡܐ. ܕܦܪܨܘܦܐ ܗܢܐ.. ܝܠܦܢ.. ܝܠܦ.. ܝܠܦܢ.. ܝܠܦܢ.. ܢܬܦܪܘܢ.. ܢܬܦܪܘܢ.. ܗܟܢ.. ܘܟܠ ܟܠܐ ܡܫܬܐܠܢܝܬܐ (ܠܡܬܩܛܠܢܝܬܐ[2] ܠܡܬܟܠܠܢܝܬܐ.. ܘܐܝܟ ܐܡܝܢ.. ܐܬܦܪܝܢ. ܐܬܦ.. ܡܬܦܪܝܢ.. ܡܬܦܪܢ.. ܢܬܦܪܘܢ.. ܢܬܦܪܘܢ..

ܗܢܐ ܡܢܝܢܐ ܕܐܠܐ ܐܝܟ[3] ܡܬܬܦܥܠܢܐ ܦܘܪܫܐ ܩܢܘܡܐ ܘܡܫܡܥܢܐ ܐܬܡܠܐ ܘܡܬܠܝܢ ܢܦܫܐ ܘܦܪܫ ܠܗ ܐܬܦܩܕܬ.. ܩܢܘܡܐ. ܐܝܟ ܕܐܡܪ ܕܝܢ ܟܡܐ ܢܦܫܐ. (fol. b) ܡܬܠܝܢ ܘܡܬܡܠܐ ܢܦܫܐ ܠܡܬܠܝܢ ܘܡܫܡܥܢܐ ܠܦܪ ܡܬܠܝܢ ܕܡ(ܬ)ܦܥܠܢܐ. ܡܫܬܥܠܢܐ ܕܝܢ ܠܡܬܠܝܢ ܡܫܡܥܢܐ ܠܦܪ. ܦܪܘܩ ܠܗ ܡܢܝܢ ܐܝܟ ܡܬܩܢܢܐ. ܦܘܪܫܐ ܕܝܢ ܐܬܦܠܐ ܘܡܫܡܥܢܐ. ܐܝܟܢܐ ܘܐܬܦܪܫܢ. ܡܫܬܐ.. ܡܬܝܢ.. ܐܬܦܠ.. ܐܬܦ[4].. ܦܪܘܩܐ.. ܦܪܩ.. (ܦܪ)ܩܬ.. ܦܪܩ.. ܐܬܦ ܕܝܢ ܕܐܬܦ.. ܕܠܡܐ ܦܪܘܩ ܐܝܟ ܡܬܠܝܢ ܡܬܬܦܥܠܢܘܬܐ ܡܫܡܥܢܐ ܡܢ ܡܬܦܥܠܢܝܢ. ܐܝܟܢܐ ܘܡܬܦܠܐ. ܕܢܗ ܕܝܠ ܗܢܐ ܡܬܠܝܢ ܡܬܦܩܢܐ ܐܝܟ ܟܠܗ.. ܘܟܠܗ ܡܬܠܝܢ ܘܠܐ ܟܠܗ.. ܘܐܝܟ ܐܡܝܢ ܡܬܠܝܢ.. ܐܬܦܠܐ. ܟܠܗܘܢ.. ܦܪܘܩܐ.. ܡܬܦܪܩܐ.. ܐܝܟܢܐ.. ܦܪܘܩܬܐ.. ܐܬܦܠܬܐ.. ܦܪܩܬܐ. ܦܪܩ.. ܠܟܠܗ ܕܝܢ ܐܝ(ܬ)ܐ ܐܬܦܠܘܗܝ ܩܢܘܡܐ ܘܡܫܡܥܢܐ.. ܡܬܦܠܐ.. ܐܝܟ ܗܘ ܕܠܐ ܢܦܫܐ ܠܟܠܗ ܐܬܦܠܬܐ.. ܠܐ ܗܘܐ ܘܠܐ ܟܠܗ ܐܬܦܠܐ ܦܪ(ܩ)ܐ ܘܐܬܦܠ ܡܬܦܠܐ.. ܦܪܩ ܕܝܢ ܗܘ ܕܐܬܦܠܘܗܝ ܟܠܗ. ܢܦܫܐ ܠܟܠܗ

---

1) Ms. ܡܫܬܐܠܢܐ.

2) Ms. ܠܡܬܩܛܠܢܝܬܐ. Cf. übrigens Bar Hebraeus kleine Gramm. ed. Martin v. 372 und Nöldeke, Mand. Gr. S. 48 Anm.

3) Ms. ܡܬܦܠܚܢܐ.

4) Ms. ܐܬܦܠ.

ܘܗܠܝܢ ܫܡ(ܗ̈)ܝܢ ܐܢܘܢ. ܟܠܗ ܐܝܟ (1ܣܛܪܛܝܘܛܝܩܘܣ ܕܝܘܢܝܐ.. ܗ.. ܐܘ ܩܡܩܡܐ ܕܐܬܘܬܐ ܥܡܝ (2ܟܠܗ)ܘܢ. ܐܘ ܩܛܪܝܣܛܘܬܐ ܕܟܪܝܣܛܝܢܘܬܐ ܐܝܟܐ ܕܐܬܐ ܗܢܐ. ܘܠܦܘܩ ܕܝܢ ܦܫܛܐ ܟܠ ܦܠܚܐ ܥܠܡܐ. ܕܥܡܪܝܢ ܟܠ ܐܬܪܐ ܘܦܬܓܡ. ܐܠܐ ܠܥܘܠܐ ܐܝܟܢ ܕܐܝܬ ܩܕܝܫܘܬܗ.. ܐ.. ܐܘ.. ܗ.. ܐܘ.. ܠܝ.. ܕܐܝܟ ܐܝܟܢ.. ܥܘܠܐ ܥܡܝ ܠܥܠܡܐ.. ܐܝܬ. ܐܬܐ. ܐܦܪܘܠܐ ܗܦܘܟ ܟܠ ܠܥܡ ܕܐܝܬ ܕܐܠܗܐ. ܐܠܐ ܐܬܩܛܝܠ ܗܦܘܟ ܥܡܝ ܥܠܡܐ.. ܐ.. ܥܠܝܗ ܕܝܢ ܐܦܪ ܐܝܟ ܕܝܢܐ ܕܝܢ ܠܥܘܠܐ. (3ܘܬܬܐܦܪ ܟܠ ܦܪܨܘܦܐ ܩܕܝܫܐ ܗܘ ܐܦܪ ܐܦܪ.. ܗ.. ܕܝܢ ܢܘܚ ܩܕܝܫܐ ܕܝܢ ܕܟܠܗ ܕܟܠ ܦܪܨܘܦܐ ܠܟܠܗܘܢ ܘܩܕܝܫܐ (4ܘܫܠܝܚܐ ܠܗ. ܐܬܬܪܡܝܬ ܝܡܝܢ ܥܡܝ ܥܠܡܐ.. ܗ.. ܗܘ ܡܢܗ (5ܝܢܘܗ.. ܡܢܗ.. ܝܢܗ.. ܠܝ.. ܕܝܢ. ܐܬܝ ܠܟܘܢ.. ܝܚܘ.. ܒܗܘ.. ܝܚܒܘ. ܠܒܠ.. ܠܝܠ.. ܐܬܒ ܠܡܝܐ.. ܐܦܝܠ ܝܢܝܠ.. ܐܦܘܢ ܠܢ(ܝ)ܐ.. ܥܦܪܐ. ܐܦܘܐ.. ܥܠܠܐ ܕܝܢ ܦܓܕܢ(ܗ)ܐ ܥܡ ܠܗܦܩܬܝ ܗܠܝܢ.. ܠܟܠܗ ܐܬܩܝ.. (fol. 211a) .. ܐ.. ܗ.. ܠܝ.. ܕܐܝܟ ܐܝܟܢ.. ܐܠܐ.. ܐܬ.. ܝܘܠ.. ܡܢܗ ܠܒܗ. ܠܒܠ. ܠܗܒ.. ܐܦܪܘܠܝ ܗܦܘܟ ܩܕܝܫܘܬܗ.. ܐܬ.. ܐܠ.. ܕܠ.. ܗܘ.. ܦܢܗ.. ܝܠ.. ܗܘ.. ܕܟܠܝ ܕܩܕܝܫܘܬܐ ܩܕܝܫܘܬܐ ܥܡܝܢܘܬ ܦܫܛܐ. (6ܘܡܠܟܢ ܠܦܘܩ ܘܐܦ ܠܥܘܠܐ ܕܟܠ ܐܬܪܐ ܕܦܠܚ (7ܥܡܘܕܝܢ.. ܕܐܝܟ ܐܝܟܢ.. ܐܦܪܘ.. ܥܡܪܝܢ.. ܐܬܝܢ.. ܦܫܝܛܝܢ.. ܐܦܪܝ ܦܫܝܛܐ.. ܘܗܢܘ ܐܝܬܝܗ ܩܕܝܫܐ ܕܦܫܛܐ. ܥܡܝܠܐ ܕܝܢ ܕܐܬܘܬܐ.. ܥܡܪܝܢ ܕܝܢ ܕܟܪܝܣܛܝܢܘܬܐ. ܠܐ ܠܦܘܩ. ܐܠܐ ܠܥܘܠܐ ܕܟܠ ܐܬܪܐ ܕܦܠܚ ܥܡܘܕܝܢ.. ܕܐܝܟ ܐܝܟܢ.. ܦܢܝܠܬܗ.. ܥܡ ܩܕܝܫܐ ܠܘ ܐܦܪܘܠܝ ܗܦܘܟ. ܚܝܐ ܥܠܡܝܢܘܬܐ ܥܡܝ ܗܠܝܢ ܘܐܦܪܘܠܝ ܦܠܚܢܗ ܥܡ ܠܐ ܩܕܝܫܐ ܠܘ.. ܗܘ.. ܥܡܝܢ ܐܠܗ. ܦܢܝܘܬܗ.. ܦܝܪܘ ܐܠܗ.. ܦܪܘܬܗ.. ܐܬܬܪܡܝܬ ܝܡܝܢ

1) Die vier letzten Buchstaben sind im Ms. vollständig erhalten, von den übrigen nur Spuren; lies ܩܛܪܘܛܝܩܘܢ.

2) So ergänze ich.

3) So das Ms.

4) Das Vau ist zu streichen.

5) So das Ms. s. die Note zur Uebersetzung.

6) So Ms.

7) Ms. ܥܡܘܕܝܢ.

ܒܬܪܟܢܐ ܐ(ܣܘܪ)ܝܐ ܕܡܫܟܚܐ ܐܝܟ ܚܒܪܐ ܠܡܠܐ܀ ܕܐܝܟ ܐܡܪܝܢ܀ ܐܬܢܨܚܘ ܕܐܬܟܬܒ ܠܗܘܢ ܫܦܝܪ ܟܠܗܝܢ ܡܫܠܡ ܥܒܝܕܐ. ܠܡܫܒܚܐ ܕܠܗܘܢ ܠܡܫܡܫܬܐ. ܗܟܢܐ ܐܝܟ ܟܠ ܡܫܒܚܢܘܬܐ ܠܡܢܝܢ ܕܐܬܚܙܝܬ ܒܢܫܐ ܘܐܬܥܠܝܢ ܡܫܒܚܢܘܬܐ. ܘܐܬܡܗܡܢ ܐܫܬܐ܀ ܘܐܦ ܝܕܥܐ ܐܢܬ ܠܗ ܚܒܪܐ ܕܐܬܪܐ ܘܪܒܬܐ ܡܫܬܒܚܢܐ ܠܫܡܗ ܐܠܗܐ. ܣܠܩ ܕܝܢ ܡܫܡܫܢܐ ܥܡ ܢܟܦܐ ܐܠܗܐ ܠܡܥܒܕܐ ܥܠ ܥܡܗ܀ ܠܥܠܡ܀ ܐܬܐܡܪ ܥܒܕܘܗܝ ܐܫܟܚ ܕܐܬܩܪܝܘ ܕܐܦܐ ܡܥܘܠ ܠܟܬܒܐ܀ ܘܟܠ ܡܫܒܚܢ ܠܡܪܝܐ܀ ܘܡܘܕܝܢ ܥܠܝܗ ܠܡܫܝܚܐ܀ ܐܚܐ ܕܝܢ ܐܝܟ ܠܐ ܥܒܕܝܢ܀ ܠܥܠܡ܀ ܠܐ ܥܒܕܐ ܐܬܩܪܝܘ ܗܪܟܐ. ܕܥܠܝܗ ܗܟܝܠ ܐܚܐ ܐܡܪܐ. ܕܗܢܐ ܡܥܘܠ ܠܟܬܒܐ܀ ܠܟܠ ܡܢܫܒ ܡܟܬܒܐ܀

ܗܠܐ ܢܥܒܕܐ ܡܟܠܠܐ܀ ܡܥܘܢܝܐ ܠܟ(ܒ)ܬ ܥܠܝܗ ܥܒܕܐ ܥܠܝܗ ܠܗܘܢ ܡܫܡܫܢܐ ܠܟܠܬ ܡܢܪܐ ܐܝܟ ܝܕܥܐ ܗ(ܘܪ)ܐ (fol. b.) ܥܡ ܬܫܒܘܚܬܐ ܗܝܟܢ.. ܕܕܝܢ.. ܐܬܐܡܪ.. ܐܥܒܕ ܚܘܪܒܬܐ.. ܥܡܫܒܚܢ ܕܐܬܬܥܒ ܗܟܢܐ ܠܟܠܬ ܐܚܪܢܐ. ܕܝܕܥܐ ܚܘܪܝ ܠܗ ܠܐܪܙܐ ܕܝܠܗ.. ܕܐܝܟ ܐܡܪܝܢ.. ܥܠܝܡܘܬܐ ܕܥܠܝܗ.. ܥܒܕܗ ܕܥܠܝܗ.. ܐܘ ܪܒܐ ܐܠܗܐ ܠܡܫܬܒܚܘ.. ܐ.. ܘܐܘ.. ܗ.. ܠܟܠ ܡܫܒܚܐ. ܡܟܐ ܕܥܒܕܐ.. ܥܠܝܡܘܬܐ ܕܡܫܝܚܐ.. ܠܟܠܗ ܕܡܫܒܚܢ.. ܥܠܝܠܐ.. ܒ.. ܥܡ ܡܫܡܐ.. ܕܟܠܗ.. ܥܒܕ ܗܘܝܐ.. ܐ.. ܡ.. ܕܠܡܫܐ ܠܐܠܗܐ ܐܚܪܢܐ.. ܕܐܝܟ ܐܡܪܝܢ.. ܥܠܝܡܘܬܐ ܢܗܝܪܬܐ.. ܥܒܕ ܥܠܝܗ.. ܥܒܕ ܥܒܕܐ.. ܥܠܝܡܘܬܐ ܡܫܝܚܐ.. ܐܝܟ ܡܟܬܒ ܕܝܢ ܡܢܫܒ.. ܗܘ ܘܫܡܫܐ.. ܟܬܒܐ ܥܒܕܘܗܝ.. ܩܕܝܫܐ ܕܥܠܝܗ.. ܥܒܕܐ ܕܥܠܝܗ.. ܡ... ܕܝܢ ܗܟܢܐ.. ܥܒܕܐ ܥܒܪܐ ܥܒܕܐ.. ܘܐܦ ܠܡܢ ܥܒܕܬܐ ܕܐܝܟ ܗܠܝܢ ܐܚܪܢܐ [1] ܐܠܗ ܐܠܗܝܢ ܢܘܗܪܐ ܕܡܫܒܚܢܘܬܗ. ܥܠܝܡܘܬܐ ܡܫܝܚܐ.. ܒܝܬ ܥܒܕܐ.. ܥܒܕܝܢ ܥܒܕܐ..

ܗܠܐ [2] ܡܫܡܫܢܐ ܡܟܠܠܐ ܐܝܬ ܠܗ ܥܠܝܡܘܬܐ ܡܫܡܫܢܐ ܦܫܝܛܐ ܕܥܠܐ ܕܝܕܥܐ ܥܠܝܗ ܠܗ ܐܠܗܐ.. ܘܐܦ ܐܢܬ ܠܐܠܗܝܢ ܥܒܕܐ ܢܦܫ ܘܐܚܪܢܐ.. ܡܫܡܫ ܦܫܝܛܐ ܥܠ ܢܦܫ ܠܟܠܐ ܕܟܠ ܐܚܐ ܕܠܐܡܪ ܡܫܒܚܢ ܐܝܟ ܥܠܝܠܐ ܕܐܪܒܥܐ.

1) Ms. ܐܠܗܝܢ ܐܠܗ.

2) Ms. ܡܫܡܫܢܐ.

ܐܦ ܡܕܝܢܬܐ ܕܫܠܡܘܢ ܀ ܘܠܡܟܝܢ ܐܣܝܪ (1 ܠܡܥܡܕܢ ܀ ܡܥܡܕܢܐ ܕܝܢ ܀ ܕܝܠܝ ܡܫܬܠܡܢܘܬܐ ܕܡܫܡܫܢܘܬܐ ܀ ܠܠܡܝܢ ܦܢܝܢ ܠܐܣܝܪ ܫܢܝܢ ܕܠܐܘܬܐ ܀ ܗܟܢ ܘܠܐ ܠܡܫܬܡܫܝܘ. ܠܐ ܓܝܪ ܟܠܗ ܡܫܡܫܢܘܬܐ ܕܐܝܟܐ ܕܬܡܢ ܠܡܥܡܕܢܐ. ܐܠܐ ܗܦܟܐܝܬ ܀

ܦܓܐ ܕܬܘܒ ܐܦ ܕܝܢ ܠܦܓܘܐ ܕܡܠܬܐ ܥܠܡܝܐ ܗܠܝܢ ܡܢܘܝܐ. ܥܠܝܗ ܘܡܫܬܘܕܥܝܢ ܘܠܐ ܡܬܦܫܝܢ ܡܬܚܠܦܐ ܥܡܢܐܝܬܐ ܕܢܦܩܝܢ ܠܡܫܘܚܠܦܘܬܗܝܢ ܘܡܫܬܠܡܢܘܬܗܝܢ ܐܝܟ ܕܥܠܡܝܐ ܡܠܝܐ. ܥܡܢܝܐ ܘܥܡܫܬܠܡܢܐ. ܥܠܝܗܝܢ [2] ܡܫܠܡܐ ܕܦܬܓܡܐ ܕܡܠܐܘܬ ܥܢܢ(ܢ)ܝܐ. ܠܐܝܠܝܢ ܕܥܒܝܕܝܢ ܥܠ ܠܡܫܬܠܡܢܘ ܬܘܪܓܡܗ. (fol. 210a) ܘܠܡܫܬܡܠܝܢܘܬܐ ܡܝܬܝܢ ܕܡܠܝܐ.. [3] ܘܐܬܘܬܐ ܐܝܟ ܐܬܪܐ. ܘܬܠܬ ܕܡܠܬܐ ܕܝܠܗ. ܬܠܬ ܠܡܠܬܐ ܡܢܘܝܐ ܥܢܠܝܢ. ..ܗ.. ܐܬܬܐ ܘܡܫܬܦܪܝܢ ܦܘܪܫܢܐ.. ܗ.. ܥ.. ܕ.. ܠ.. ܗܠܝܢ ܓܝܪ ܕܠܐ ܡܬܟܬܒܢ ܐܝܟ ܥܢܝܢ ܒ(ܫܢܐ)ܠܐ ܕܡܫܬܠܠܐ ܡܢܘܝܐ.. ܐܦ ܕܝܢ ܠܡܫܬܡܫܘ.. ܘܡܬܦܠܡܠܬܐ ܕܡܬܩܪܝܢ ܥܡܠܝܐ ܗܘ ܠܥܒܕܬܐ ܘܡܗܘܝܢܬܐ. ܘܦܪܫܝܢ ܥܠܝ ܗܘ ܠܥܒܕܬܐ ܥܡ ܡܫܘܚܠܦܐ ܥܢܝܢ ܠܐܠܦ ܐܠܦ ܥܠܘܗܝ.. ܕܐܝܟ ܐܡܝܢ.. ܡܠܬܐ ܡܛܠ ܘܡܫܬܡܠܝܐ. ܡܗܘܝܢܐ ܕܝܢ ܥܡ ܡܫܘܚܠܦܐ ܡܗܝܡܢ ܕܠܗ ܡܬܠܐܡܐ ܡܬܩܢܝܢ. ܐܬܘܬܐ ܕܨܒܐ ܘܢܝܐ ܘܫܡܐ.. ܒܛܠܐ ܕܝܢ ܗܘ ܕܡܦܢܝܢ ܠܡܬܦܢܝܢ ܐܬܘܬܐ ܗܠܝܢ. ܥܡܫܘܚܠܦܐ ܥܢܝܢ.. ܡܘܬܪܐ ܕܝܢ ܥܡܛܝܐ ܐܝܟܢ ܕܡܬܦܢܝܢ ܡܢܝܢ. ܡܬܦܪܫܝܢ ܗܢ ܠܐ ܡܗܘܝܢ ܥܠܝܗܝܢ ܒܕܝܠܗ ܥܠܡܐ ܥܡܕܝܢܐ ܀

ܦܓܐ ܠܥܠܡܝܐ ܗܠܐ.. ܘܐܝܠܝܢ ܚܕܬܐ ܘܡܫܘܚܠܦܐ ܥܠܡܝܢ ܗܢܐ ܡܫܘܚܠܦܘܬܐ ܕܠܐ ܐܬܝܕܥ ܠܥܡܐ ܠܥܗ ܗܘܝܐ [4] ܐܬܦܢܝܢ ܕܠܐ ܡܬܦܢܝܢ ܥܡܢܝܐ ܡܗܝܡܢܐ. ܐܝܟ ܦܬܓܡܐ ܕܥܡܝܢ. ܘܥܡ ܡܫܬܡܠܝܐ ܠܗܘܦܟ ܥܡ ܥܢܢܐ ܘܡܗܘܝܢܐ ܠܗ ܡܫܬ(ܡܠ)ܝܐ ܡܫܘܚܠܦܘܬܐ ܦܪܫܝܢ ܥܒܘܗ. ܗܘ ܠܐ ܡܬܦܢܝܢ

1) Bar Hebraeus Kl. Grm. ed. Martin v. 826 hat ܠܡܥܡܕܢ, wodurch das Beispiel verständlicher wird; die Ausgabe der Bibel von Lee jedoch ܠܡܥܡܕܢ.

2) Ms. ܡܫܠܡܐ.

3) Ms. ܘܐܬܘܬܐ.

4) Ms. ܐܬܦܢܝܢ.

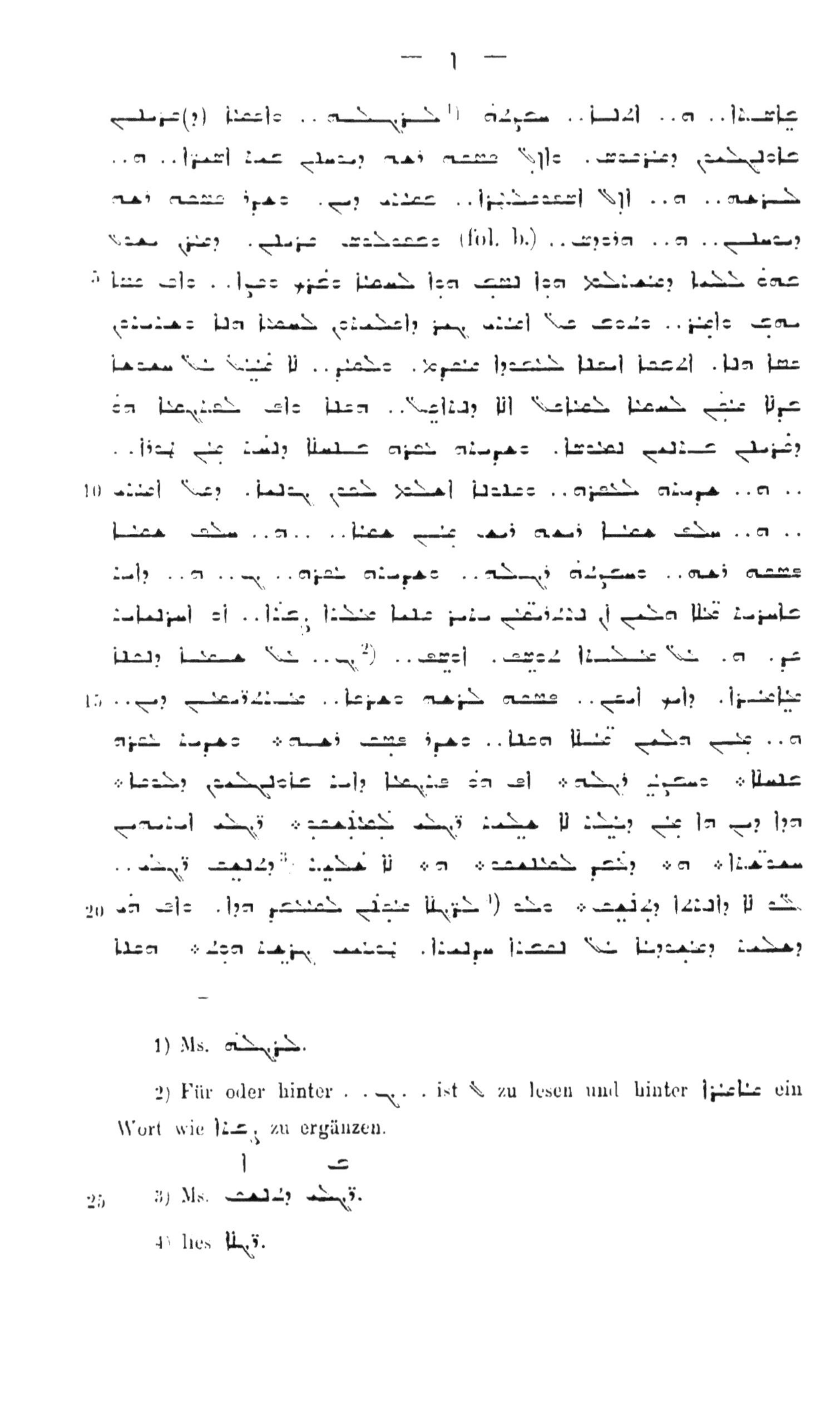

[illegible] (fol. b.) [illegible]

1) Ms. [illegible].

2) Für oder hinter . . [illegible] . . ist [illegible] zu lesen und hinter [illegible] ein Wort wie [illegible] zu ergänzen.

3) Ms. [illegible].

4) lies [illegible].

ܫܪܪܗ ܒܢܝܫܐ ܕܥܒܕܝܗܘܢ. ܫܪܪܐ ܠܐ ܚܙܐ ܐܝܟ ܡܫܬܥܝܢܐ.. ܡܢ ܐܝܬܘܗ̇ ܗܟܢ ܕܡܬܚܙܝܢܐ. ܐܫܬܥܝܬ ܠܟܬܒܐ ܕܡܫܬܥܝܢܘܬܐ.. ܗܟܢܐ ܘܐܦ ܠܗܘܢ ܒܢܝܫܐ.. ܠܗܢܐ ܗܟܢ ܐܦܐ ܚܙܝܬ ܠܗܠܝܢ.. ܡܬܚܙܝܢܐ ܗܟܢ ܐܫܬܥܝܬܗ ܕܢܝܫܐ ܥܠܝ. ܠܗܠܝܢ ܥܠ ܕܝܢ ܠܚܒܪܐ ܐܦܐ. (fol. 209a) ܐܠܘܝ ܕܝܢ ܐܦܐ ܥܠ ܕܝܢ ܠܚܒܪܐ ܠܗܢܐ. ܗܕܐ ܗܟܝܠ ܒܥܠܝܢ ܠܐ ܢܗܘܐ ܠܗ ܕܡܫܬܥܝܢܐ ܗܠܝܢ. ܐܝܠܝܢ ܐܫܬܥܝܘ ܡܫܬܥܝܢܐ ܘܐܝܠܝܢ ܗܘ ܡܫܬܥܝܢܘܬܐ.. ܘܐܦܢ ܘܐܦܝܢ ܠܗܘܢ.. ܡܢܗܘܢ ܕܢܝܫܐ ܝܘܡ ܕܥܠܝܗܘܢ ܠܡܫܬܥܝܢܐ ܕܡܬܚܙܝܢܐ ܐܠܝܢ ܕܥܠܝ ܡܫܬܥܝܢ ܥܠܝܗܘܢ.. ܐܫܬܥܝܬ ܥܠ ܡܫܬܥܝܢܘܬܐ ܕܢܝܫܐ ܐܘ ܥܠ ܥܠܝܗ̇ ܕܡܬܚܙܝܢܐ.. ܗ.. ܠܡܫܬܥܝܢܐ [1] ܠܐ ܡܫܬܥܝܢ. ܡܢܗܘܢ. ܕܡܫܬܥܝܢ ܢܝܫܐ ܐܠܝܢ ܠܡܫܬܥܝܢܐ ܕܝܢ ܡܫܬܥܝܢܘܬܐ.. ܘܟܠܗ ܐܡܪ ܗܘܐ ܠܡܫܬܥܝܢܐ. ܡܢܗܘܢ ܡܫܬܥܝܢܘܬܐ ܗܘܐ [2] ܕܡܫܬܥܝܢ ܡܫܬܥܝܢܐ ܕܟܠ ܡܫܬܥܝܢܐ ܘܡܫܬܥܝܢܘܬܐ.. ܡܫܬܥܝܢ ܠܗܘܢ ܠܡܫܬܥܝܢܐ ܥܠ ܡܫܬܥܝܢܐ ܚܝܠܬܐ ܘܡܫܬܥܝܢܘܬܐ. ܐܘ ܕܡܫܬܥܝܢܐ ܠܟܠ ܐܘ ܠܡܫܬܥܝܢܘܬܐ. ܘܐܝܟ ܐܡܝܢ.. ܐܦܢܐ ܕܐܡܪ ܡܫܬܥܝܢܐ. ܘܡܫܬܥܝܢ ܐܬܪܐ ܚܝܬܐ.. ܐܫܬܥܝܢ ܕܚܝܬܐ ܐܠܝܢ ܕܡܫܬܥܝܢ. ܗ. ܠܡܫܬܥܝܢ. ܐܬܪܐ ܕܝܢ ܡܫܬܥܝܢ.. ܡܫܬܥܝܢ ܕܟܠ ܐܬܪܐ ܡܫܬܥܝܢ ܕܝܠܗ. ܡܫܬܥܝܢ ܐܡܪ ܗܘܐ. ܡܫܬܥܝܢ ܠܟܠ ܡܫܬܥܝܢܐ ܐܠܝܢ. ܡܫܬܥܝܢ ܚܝܬܐ ܐܬܪܐ. ܠܡܫܬܥܝܢ ܕܝܢ ܕܡܫܬܥܝܢ ܐܦܠܐ ܕܡܫܬܥܝܢ ܠܡܫܬܥܝܢ. ܡܫܬܥܝܢܐ ܕܝܢ ܠܡܫܬܥܝܢ.. ܘܐܦܢܐ ܕܐܡܪ ܡܫܬܥܝܢܐ. ܡܫܬܥܝܢ ܗܟܢ ܢܦܫܐ ܡܫܬܥܝܢܐ ܡܫܬܥܝܢܐ ܡܫܬܥܝܢܐ.. ܗ.. ܡܫܬܥܝܢܐ ܡܫܬܥܝܢ ܠܡܫܬܥܝܢܐ. ܘܐܫܬܥܝܢ ܠܗܘܐ. ܡܫܬܥܝܢ [3] ܥܠ ܡܫܬܥܝܢ ܕܟܠ ܠܡܫܬܥܝܢܐ ܡܫܬܥܝܢ. ܢܦܫܬܐ ܕܝܢ ܕܡܫܬܥܝܢ ܐܠܝܢ. ܐܦܐ ܕܡܫܬܥܝܢ ܚܝܠܝܢ. ܗܕܐ ܡܫܬܥܝܢ ܥܠ ܡܫܬܥܝܢܘܬܐ ܕܡܫܬܥܝܢܘܬܐ ܡܫܬܥܝܢܘܗܝ ܐܠܐ ܠܗ. ܐܝܬܝܐ ܕܡܫܬܥܝܢ ܠܡܫܬܥܝܢ. ܡܫܬܥܝܢܐ ܕܡܫܬܥܝܢ ܘܡܫܬܥܝܢܐ. ܘܠܐ ܡܫܬܥܝܢ ܠܡܫܬܥܝܢ ܘܡܫܬܥܝܢ ܠܡܫܬܥܝܢ. ܡܫܬܥܝܢ ܡܫܬܥܝܢ ܥܠ ܠܡܫܬܥܝܢ ܠܡܫܬܥܝܢ.. ܠܗܢܐ ܕܝܢ ܢܦܫܐ ܟܠ ܗܘ ܕܝܢ ܠܟܬܒܐ ܠܡܫܬܥܝܢ. ܠܐ ܡܫܬܥܝܢ ܡܫܬܥܝܢ ܡܫܬܥܝܢܐ ܟܠ. ܠܡܫܬܥܝܢ. ܐܦܢܐ ܐܬܪܐ ܕܡܫܬܥܝܢ ܡܫܬܥܝܢܐ. ܘܡܫܬܥܝܢ ܢܦܫܗ ܕܡܫܬܥܝܢ

1) Das ܠܐ ist zu streichen, oder es ist sonst etwas in Unordnung (ܡܫܬܥܝܢ ܡܫܬܥܝܢ).

2) Das Dâlath ist zu streichen.

3) lies ܥܠ.

ܗܕ̈ܟܠܐ ܢܦܫܬܐ ܕܥܠܡܐ. ܐܬܪܐ ܕܢ̈ܦܠܐ ܐܡܕܝܢ. ܕܠܗܠܐ ܓܙܐ ܠܡܫܡܠܝܐ ܘܐܦܠܐ.. ܥܒ̈ܝܕܝܢ ܐܡܪ ܐܢܐ.. ܥܕ̈ܡܫܢ ܓܙܐ ܠܗܠܐ. ܢ̈ܦܫ ܡܫܡܠܝܐ ܘܢ̈ܦܫ ܐܦܠܐ.. ܘܠܗ ܠܐ ܗܘܐ ܡܕܒܪܢܘܬܐ ܗܘܐ ܕܐܝܬܘܗܝ ܠܡܫܠܡܐ ܘܕܥܒܪ. (fol. b) ܘܥܠ ܥܒܝܕܬܗ. ܠܐ ܡܫܬܘܕܥܝܢ ܗܘܘ ܕܓܙܐ ܠܗܠܐ ܠܡܫܡܠܝܐ ܘܠܐܦܠܐ. ܘܐܦܠܐ ܥܡ ܡܠܐܟܐ ܡܫܬܘܕܥܝܢ ܠܗܘܢ. ܘܗܘܢܐ ܐܦ ܡܢܗܘܢ ܕܩܕ̈ܡܝܐ. ܕܐܬܐ ܘܥܡ̈ܝܡܐ ܠܬܚܬ ܐܝܬܝܐ ܘܐܝܬܝܐ ܡܫܡܠܝܢ ܥܕܡܐ. ܥܠܡܐ ܕܠܐ ܗܘܐ ܡܫܬܡܥ. ܐܠܗܐ ܕܢܦܫܬܗ ܢܣܒܬܗܘܢ ܥܒܕ ܘܠܡܫܡܠܝܢ ܕܢܦܫܬܗ ܥܡܕܘܢ ܡܫܡܠܝܐ:

ܢܦܠ ܥܒܝܕܐ ܥܡ ܐܠܗܐ ܗܝܕ̈ܝܢ ܡܫܬܘܕܥܝܢ ܠܢܦܫܬܐ ܐܝܟ ܠܡܫܡܠܝܐ ܥܠܡܐ ܡܫܡܠܝܐ. ܡܢܗܘܢ ܕܥܠܡܐ ܕܢܦܠܐ ܠܢܦܠܐ ܐܝܟ ܢܘܗ ܥܒܝܕܘܬܗܘܢ ܗܝܕ̈ܝܢ ܘܫܠܡ̈ܐ ܘܡܫܬܡܥܝܢܐ.. ܗ.. ܦܬܓܡܐ ܘܡܫܬܘܕܥܝܢ.. ܘܐܬܚܙܝܘ ܘܗܝܕܝܢ.. ܐ.. ܥܠ ܢܦܫ.. ܗ.. ܡܫܠܡܢܘܬܐ ܕܢܦܫܬܐ ܘܡܫܬܡܥܢܘܬܐ. ܘܐܡܪ ܐܢܫ ܥܡ ܐܢܫܝܢ (1 ܕܡܢ ܠܗܠܐ ܐܝܟ ܠܡܫܡܠܝܐ. ܐܡܪܘܢ (1 ܕܡܢ ܠܗܠܐ ܐܢܬܘܢ ܢܦܫܬܐ. ܗܘܝܢ ܐܢܬܘܢ ܐܡܪܐ. ܠܡܫܡܠܝܐ ܕܝܢ ܡܫܬܘܕܥܝܢ.. ܗ.. ܡܫܡܠܝܐ.. ܥ.. ܥܠ ܟܠܐ ܕܡܠ̈ܬܐ ܘܡܫܡܠܝܬܐ ܡܫܬܡܥܝܢ.. ܗ.. ܥ.. ܕ.. ܠ.. ܥܒܕ. ܥܡ. ܠܥܠ. ܘܡܫܡܠܝܢ ܡܫܬܘܕܥܝܢ (2 ܠܡܫܡܠܝܢܘܬܐ. ܐܬܪܐ ܕܐܢܫܝܢ. ܘܡܢܗ ܐܝܟ ܠܐܢܫܘܬܐ. ܠܡܫܡܠܝܢ ܕܐܝܬܐ ܐܢܬܘܢ ܡܫܡܠܝܐ. ܘܐܝܬܐ ܐܢܬܘܢ ܡܫܡܠܝܐ.. ܟ.. ܘܥܠ ܢܦܫܐ ܘܡܫܡܠܝܢܘܬܐ ܕܡܫܬܡ̈ܥܐ. ܕܐܡܪ ܐܢܫ. ܡܫܬܡܠܝܢ ܟܡܐ ܐܡܪܢܢ ܠܡܫܡܠܝܐ ܥܡ ܥܠܡܐ. ܘܡܫܬܡܠܝܢܘܬܐ ܥܡ ܢܦܫܬܐ. ܐܡܪܐ ܕܢܦ̈ܫܬܐ ܠܥܠ ܥܡ ܥܠܡܐ ܕܥܠܡ ܘܡܫܬܡܠܝܢ ܗܝܕܝܢ ܘܡܠܬܐ ܢܦܫܬܗ ܕܠܗ ܗܘܐ ܡܫܬܡܠܝܐ ܗܘܐ. ܠܐ ܫܠܡܝܢ ܗܘܝܢ ܠܡܫܡܠܝܢܘܬܐ ܡܫܬܡܠܝܢ. ܐܬܪܐ ܕܐܡܪ ܕܥܡ.. ܥܒܕܐ ܗܝܕܝܢ ܠܥܠ. ܗ.. ܠܡܫܡܠܝܐ (3 ܐܡܪ ܐܠܗ ܠܐܡܪ.. ܕܢܦܫ ܗܝܕܝܢ ܥܠܡܐ ܢܦܫܐ ܘܡܫܡܠܝܐ ܕܠܟܠ ܠܟܠ ܗܝܕܝܢ ܠܥܠܡ. ܐܝܟܢܐ ܕܢܦܫ ܠܡܫܬܡܠܝܢܘܬܐ. ܐܡܪܝܢ. ܕܗܘܐ ܥܠ ܥܠܡܐ ܢܦܫܐ ܫܡܝܐ. ܥܠܡܐ ܕܝܢ ܫܡܝܐ ܥܠܡܐ. ܘܠܐ ܠܢܦܫܐ ܘܡܫܡܠܝܐ.. ܥܒ̈ܝܕܝܢ ܥܡ ܡܫܡ̈ܠܝܐ ܥܒܕ

1) Im Ms. zwei Worte: wohl als Eigenname in einem zu schreiben.

2) ܠܡܫܬܡܠܝܢܘܬܐ (?) s. Zeile 2 v. u.

3) Vielleicht gehören die Punkte von ܠܐܡܪ hierher; dann wird aber auch ܐܠ statt ܐܡܪ zu lesen sein.

[illegible] [1] [illegible] (fol. 208a) [illegible] [2] [illegible] [3] [illegible] [4] [illegible] [5] [illegible]

1) Das ܪ ist nicht sicher; hinter demselben kann noch ein Buchstabe gestanden haben. Die übrigen Zeichen sind, obgleich durchbrochen, doch noch deutlich lesbar.

2) Ms. [illegible].

3) Ms. [illegible].

4) Ms. [illegible].

5) Das eine Mim ist im Ms. übergeschrieben.

Cod. Peterm. 9 fol. 207b.

[illegible]